2025年，你的世界會是什麼樣子？

Le Monde En 2025

妮可・涅索托（Nicole Gnesotto）
吉奧瓦尼・格雷維（Giovanni Grevi）著
范煒煒　譯

目錄 |Contents

序

《歐盟憲法》的失敗震驚了全世界[1]。這樣的結果無疑體現了歐洲人在面對未來挑戰時的恐懼心理以及只著眼於自身的狹窄視角。對於大部分歐洲民眾，尤其是法國民眾來說，全球化意味著威脅和倒退。在這樣的背景下，歐盟安全研究所進行有關於二〇二五年的世界與歐洲的調查研究工作可說是恰逢其時，它能讓歐洲民眾重新反思自己在世界上的位置和應該直接面對的挑戰；更重要的是，它也能迫使歐盟認真思考：在把歐盟視為一個整體的情況下，未來在面對來自外部壓力時應扮演的角色。

此一關於未來的遠景研究在歐洲可說是前所未見。它仿傚了美國國家情報委員會的研究方法，其態度非常值得我們尊敬，尤其是在以下幾個方向：

1 二〇〇四年，歐盟二十五個會員國於比利時布魯塞爾舉行高峰會議，通過了《歐盟憲法》草案，但需要所有會員國皆透過公投或議會投票方式通過之後方能生效。由於法國和荷蘭投下反對票，再加上幾個國家無限期延後公投，使得《歐盟憲法》胎死腹中。

一、對未來二十年的清晰預測。預測是行動前的準備，要想成功地做到這一點，歐洲必須具有預見未來發展趨勢的能力，而不只是被動接受發展的結果。如果拒絕思考未來，就只能淪為觀看世界演變的觀眾，並使得自己的行動毫無意義。來自未來的挑戰要求我們必須具有預判能力，因為全球化的速度將變得更快，範圍和影響力都會越來越大。從政治層面來看，新的世界均衡狀態（中國和印度的崛起、移民潮、核武擴散）將迫使各個國家為了應對巨大變革而做好充分準備；從經濟層面來看，對各個企圖占有領先優勢的經濟體來說，世界市場的一體化將使彼此之間的競爭加劇；但至少人口過剩、氣候暖化及能源依賴等問題可以得到部分控制。從這個角度來說，預測並非只是可有可無的工作，而是我們這個時代的責任。

二、對世界抱持的開放態度。歐洲與世界分割的時代已經一去不返了，歐洲絕不能再脫離世界自說自話。歐盟不僅應該關注歐洲市場一體化、區域團結、歐洲公民權等內部問題，同時也應當成為重要的世界事務參與者；然而歐洲給人的印象卻多半只是一個繁榮而和平的孤島，人們常常批評歐洲的政策過於溫和，很少主動承擔國際責任。這份來自歐盟共同外交與安全政策直屬研究機構的報告是至關重要的，它告訴我們，從今以後，外部事務應當成為所有歐洲領導人共同關注的對象。

三、對安全與穩定問題的全面觀點。在所有的世界議題中，安全與穩定是唯一可以超越眾多敏感軍事問題的重要話題。要想保障世界安全，就必須明白潛在的不安定因素：比如在氣候暖化問題中，對生態的影響始終是最重要的課題，但事實上，對「氣候暖化」的討論是有勝負存在的，未來很有可能成為衝突的根源，並在不同的利益方之間造成混亂。由此可見，安全問題是一個超越國界、需要進行多邊合作的問題。到了二〇二五年，各國彼此關連的現象勢必變得更加明顯，而各種問題也將因此全部串連在一起，要想解決這些共同問題，只有加強各方合作，才是最合理也最有效的方法。

除了以上三個特點之外，在我看來，本書還有三大主要觀點。首先，儘管全球化有其優缺點，但它始終是一股無法阻擋的潮流，而全球化的走向也將受到政治行為的影響。其次，幾乎可以肯定的是，一個各方鼎立的世界即將出現；三大主要陣營——美國、歐盟和亞洲將處於長期競爭狀態。最後，只有一個統一而強大的歐洲才能在世界上站穩腳跟。合作無間的歐盟將成為國際舞臺的主角之一，在世界事務中發揮作用；分裂，只會讓自己逐漸被邊緣化。

雖然是由外部——就像現在的我一樣——保持一定距離研究全球化的未來，但這份報告仍不免帶有濃厚的歐洲色彩，也依然與歐洲最根本的觀點保持一致。如果我們將這份研究報告與美國國家情報委員會關於二〇二〇年的世界報告相比，會發現三處明顯的差異。一、後者對大規模殺傷性武器擴散所造成的恐怖主義威脅相當重視，而前者對此只略有提及；二、後者認為全球化將造成身分認同與宗教的模糊與衰退，並因此成為極端主義的溫床，而前者則認為能源問題或不平等現象的加劇可能升高衝突；三、為了削弱美國的優勢，前者認為未來世界將出現合法的多邊管理模式，並不足為奇。

所有的預測都是互補而非互斥的，它們都合理地反映了各種不同的假設、政治選擇和世界觀；這種多樣性絕非缺陷，相反的，對於那些從此彼此相關、相互依賴的決策者們來說，這是一種極大的優勢。對歐洲而言，這將有利於在未來幾十年中實現會員國的共同利益；對世界而言，這種相互依存的關係將有助於在各國合作解決世界問題（同時也是歐洲問題）。因此，我們可以說，這一宏大的預測計劃是一件極其重要的事情。

帕斯卡・拉米（Pascal Lamy），世界貿易組織（WTO）祕書長

前言

透過對未來二十年世界趨勢、地區演變以及大國實力消長的分析，我們已經可以看到二〇二五年世界的大致面貌。國際秩序將呈現出既連續又斷層的特徵，一些基本趨勢，如經濟全球化等將繼續發展，並在加強各國彼此依賴的同時，加深國家內部及國家間的貧富分化。新的世界強權崛起勢必打破原有格局，對世界運作模式產生深刻影響。

整個世界的相互連繫將更加緊密，區域劃分也將更加明顯。在二十年內，仍然不會出現某個單獨的國家來主導國際體系，世界的發展也不會只遵循某一種趨勢。國際環境的日益複雜，將使得權力的運用越來越細緻；也越來越難確立國際標準來解決各國共同的問題。因此未來的政治、經濟、文化或環境問題將不會再透過制訂宏大的計劃或理論來解決，而是針對不同趨勢，再評估與原則之間的相互作用來應對。

未來幾十年內，決定競合與衝突等現象的結構性因素將有所改變。除了傳統的軍事和經濟因素之外，其他形式的標準也將扮演越來越重要的角色。這些標準既包括有形的，也包括腦力和規範等無形層面；不僅涵蓋自然資源（化石燃料、水、可耕種土地）、知識（科學、技術革新），還有一些抽象的概念，如合法性（政治、司法和文化）。世界的主要國家應能在不同領域和不同層面上彼此交流，在充分保障自身利益的同時，也共同解決世界性問題。

一、環境惡化

二十年之後，世界衛生問題將與人口、生態、能源以及科技等諸多因素密切相關。依目前的趨勢，我們還很難判斷人類的生活條件是否正在惡化，但可以確定的是，到了二〇二五年，除非出現無法預料的自然災害或者大規模政治危機（並非絕無可能），否則人口、生態和能源方面的發展不會遭遇巨大挫折。但我們同時也要強調，與目前的情況相比，未來的環境問題將會嚴重得多。根據一些更長期的預測，到了二〇三〇年至二〇四〇年，許多國家將面臨不同程度的環境問題，以及水、食物和能源等方面的匱乏。要預防這些問題，必須採取地區性及全球性措施，並在基礎建設和科技研究方面投入大量資金。環境惡化的起始階段主要表現為政治不穩定和某些週期的紊亂。

到了二〇二五年，全球人口將從目前的五十二億人增加至六十六億人，而已開發國家的人口數基本上維持不變（約十二億人）；但是在某些地區，尤其是中東、北非和廣大的非洲撒哈拉以南地區，人口膨脹和環境惡化的相互影響使得前景堪慮。到了二〇二五年，中東和北非地區的人口將成長四〇％，而隨著該地區氣溫持續攀升以及降水量不斷減少，乾旱地區及沙漠地區面積比例將超過現在的八七％。因此，二〇二五年時，該地區的每人平均可用水量將減少一半。儘管非洲撒哈拉以南地區的人口成長率並未過高，但水資源匱乏的現象已經影響到了撒哈拉地區的某些國家以及非洲的東部和南部。受到氣候變化趨勢的影響，人們對以上地區的未來發展感到悲觀，而中國的情況也同樣不樂觀；從中長期發展來看，可耕地面積減少、土地沙漠化、水資源不足、環境惡化以及汙染問題都將嚴重影響中國的發展。

汙染、都市化和工業化將為許多開發中國家帶來生態和健康問題。農村地區的衰退以及城市提供的大量工作機會，將使農村人口大規模向城市遷移，到了二〇二五年，印度的城市人口將占全國總人口的三八％（五．五億人），中國將達到五七％（八億人），中東及北非地區可能達到七〇％（三．八億人）。其中國家內部移民數量將遠遠高於跨國移民。開發中國家大城市人口過於密集的現象已經造成嚴重的社會隱憂。由於缺乏完善的衛生設施以預防傳染病，民眾的健康問題將成為這些地區的主要挑戰，而氣候條件的惡化還會使此一問題更加嚴重。

在能源方面，各國控制溫室氣體排放的能力還不足，可能導致氣候條件進一步發生改變。從現在到二〇二五年，能源需求將成長五〇％，其中三分之二都來自開發中國家。到了二〇二五年，化石燃料（石油、天然氣和煤）將占能源總需求的八一％，其中石油仍將是交通領域所使用的主要能源，而煤仍是電力生產的主要來源，尤其是在印度和中國。即使公部門和某些私人機構打算大量投資再生能源，但這種形式的能源消費在未來二十年內仍無法超過八％。

儘管能源利用率有顯著提高（尤其在已開發國家），而已開發國家也在努力減少溫室氣體排放，但由於需求和消耗的不斷上升，負面影響有可能持續。南美洲和亞洲的森林消失，意味著又有新的排放源產生：巴西和印尼從此進入世界上排放溫室氣體最多的國家之列。雖然新科技的使用有可能控制甚至減少排放量，但至少在二〇三〇年之前仍然難以落實，而且開發中國家的排放量極有可能超過已開發國家。

從中長期看，地球表面溫度的升高似乎是無法避免的，現在的問題只是如何延緩上升趨勢，並減少影響。預防措施必不可少，因為災難可能造成的後果不一而足。除了全球氣溫上升之外，氣候暖化的影響還包括海平面上升、洪水增加、熱浪以及北大西洋沿海地區的氣候變冷（由於北極冰河融化和暖流減弱引起）。關於最後一點的影響，科學家們對其嚴重程度和出現時間仍未達成共識。

概括二〇二五年的世界狀況，我們看到了一個人口更加密集、開發程度更高、更乾旱並且汙染更嚴重的地球，這意味著我們的世界越來越不適宜居住。數十億人口的利益將因此受到不同程度的影響。當然，採取合理的政策、對自然資源進行妥善管理將有利於減緩上述趨勢。我們應當加倍努力，將世界的共同利益分配給需要的人。這裡的「利益」首要包括健康和教育，其次還應包括擁有潔淨環境的權利。一個長期可行的安全策略應該對外部政策的各種層面多加關注，體現「全球安全」的概念，這也是歐盟在其地區安全戰略中一直強調的理念。

二、全球化與多樣性

全球化仍將是政治、經濟和文化層面的決定性因素。但它涉及的領域相當廣泛，所產生的影響也大不相同（這一趨勢將在未來幾十年裡表現得越來越明顯）。

經濟全球化進程將不斷加快，商品、服務及資本流動的加劇也將促進許多國家的經濟發展。與從前的全球化不同的是，隨著資訊科技的發展，企業外移、生產和服務外包將成為主要的全球化經濟模式，這可以推動世界或各地區的生產合作，使得不同國家專注於生產鏈中不同的環節。因此，未來的世界裡，國與國之間的相互依賴程度將越來越高。

經濟全球化對不公平現象的影響依地區不同而有所差異。從平均國民所得來看（這一角度相對比較局限），全球化縮小了新興經濟強國（如中國、印度、巴西）與已開發國家之間的差距，而且有越來越小的趨勢。相反的，那些無法融入國際貿易和投資環節的國家將越來越邊緣化。如今，世界總貿易量的八〇%集中在二十五個國家，而五十六個貿易量最低的國家占世界總貿易量的比例均不到〇．〇一%。

當然，評價全球化和目前經濟發展模式的標準應當更加多樣化。民眾的實際生活水準仍然是一個重要的評價指標，但不再是唯一的指標。從中長期發展來看，政府的社會和環境成本也應用於經濟發展策略的評估，否則經濟競爭很可能對國家的永續發展造成威脅。

市場和資源的國際競爭將使所有經濟體和社會面臨前所未有的壓力。已開發國家與開發中國家面對的挑戰不盡相同（它們內部的情況也不同），因此無法形成統一的經濟模式。已開發國家的經濟體系將導向技術附加價值較高的領域，而開發中國家首要在於改善政治及經濟模式，並且發展國家基礎設施，以創造有利的投資環境。不同的改革策略有可能造成更大的壓力，並在社會中形成新的裂痕，尤其是當不同發展階段的國家都處在全球化浪潮下的時候。

總括來說，全球的不公平現象將有所減少，但在中東、北非以及撒哈拉以南的某些地區情況卻有更加嚴重的趨勢。結構性因素（如人口和環境等）可能威脅到某些國家的穩定，使其無法適應全球化趨勢，並在新興經濟體面前節節敗退。隨著資訊科技的全球化，差異、困難與威脅將越來越明顯，某些處於邊緣地位的國家將面臨越來越不公平的處境。

全球化已經超出了經濟範圍，對政治和文化也產生了深遠影響。世界各地都受到全球化的衝擊，這將對政治和社會發展趨勢產生決定性作用。此一現象在未來將越來越明顯，因為全球化將逐步「融入國家與社會的日常生活中」。

全球化對文化影響相當深刻。媒體、資訊科技與通信技術在社會中的滲透力將不斷增強，國際媒體集團將繼續向全世界傳播西方社會的價值觀，而一些新的國際衛星頻道，如阿爾加吉拉電視臺（Al-Jazira）和阿拉伯衛星電視臺（Al-Arabiya）等，將展現它們全新的角度和觀點。網際網路與移動通訊不但讓個體獲得了自主權，也讓政治層面的連繫、影響和創新成為可能（但同時也有利於組織性暴力事件的產生）。在全世界自由流動的思想、資訊及圖像則有利於加強不同地區的連繫，但關係變得密切並不一定意味著和諧，大範圍的互相連繫將同時產生和諧與分裂，而圍繞著消費模式所產生的社會行為，其同質性通常與異質性相伴（有時甚至是相互對立的）。

全球化並非完全西方化，發展趨勢是多元化和區域化的，這將有利於文化多樣化的發展，融合與對立將在未來的文化領域中並存。由於經濟、社會、政治和文化層面的差異，各國對全球化的反應也將大相逕庭。此外，科學與社會的發展將導致更多的價值衝突和倫理爭論——尤其是在生物技術方面。

從政治角度來看，要排除全球化可能有三種形式：政治經濟的民族主義、宗教基要主義以及民眾的不滿。對於第一種形式，全球化可能導致民族主義在一些保守的國家中抬頭（包括一些已開發國家），並促成政治、文化或民族層面的同質性，從而導致完全「排他」。另外，全球化也與宗教基要主義有所衝突，此一現象在開發中國家（特別是伊斯蘭世界）和西方社會都存在。當現代化影響到人們傳統的生活模式時，基要主義為身分認同和原則建立了牢固的基礎，並提供了簡單易懂的解釋。最後，全球化在國內和國際都會引起各種不滿和否定情緒。公民社會的行為體（如非政府組織、跨國組織等）在政治決策中將扮演重要角色，逐漸弱化國家的權力。在民眾參與率越來越高的同時，國際政治的文化因素將在政府內部對傳統權力掌控者產生深刻影響。

做為未來二十年世界發展最突出的特點，全球化其實並未真正覆蓋全球（仍有一部分國家沒有能力融入其中），而且也覆蓋得並不徹底（在某些國家內，甚至有某部分人遭排除在外，或者有恐懼心理），這樣的發展狀況自然會造成不穩定，並產生許多潛在的威脅。透過地區間經濟體的相互作用，全球化有可能在這個因區域差異過大而越來越分裂的世界上繼續發展下去。

第一部分
趨勢

第一章 人口

二十一世紀的世界人口成長速度將逐漸趨緩，人口結構也將有所變化：出生率與死亡率下降，平均壽命變得更長。二〇〇七年的人口成長率為一．二％，到了二〇三〇年將降至約〇．七％。當然，變化是漸進的，不同地區有不同的速度。在已開發國家，此一趨勢早已浮現，而在大部分開發中國家則只是開始，它們的人口出生率與成長率都遠遠高於已開發國家。在未來二十年內，九七％的人口成長將出現在開發中國家，九〇％的世界人口則將居住在開發中國家（目前是八〇％）。

一、總體趨勢

二〇二五年，全球總人口將從二〇〇七年的六十七億人，增加至七十九億人（成長二三．四%）。人口成長速度最快的地區包括：非洲撒哈拉以南地區的開發中國家（四三%至四八．四%）、中東和北非（三八%）、拉丁美洲（二四%）和亞洲（二一%）。

已開發國家的人口成長依然較少（四億人），而不同國家與地區之間的人口成長速度差異則相當明顯：美國為一七．四%、歐盟為二%、日本是負二．六%，俄羅斯則是負一〇．八%。到了二〇二五年，歐盟的總人口將只占全世界人口約六%，而所有已開發國家的總人口數也只占全球的一五%。

高齡化將是所有已開發國家以及中國人口的主要特徵。在大部分的歐盟國家以及日本，高齡化趨勢將對就業人口組成造成很大的影響，老年人口將直線上升。相反的，許多開發中國家的人口相對年輕化，就業人口數量也有所上升，也為勞動市場帶來一定壓力。

移民人數將略有下降，但流向已開發國家的移民比例將大幅上升。前往歐洲的移民人口比例應該會保持穩定，但相鄰國家的經濟情況以及歐洲的移民政策將對整個比例產生決定性影響。

儘管醫療技術日益進步，但人們仍面臨新的健康威脅。在已開發國家中，這種情況主要是由汙染和人口高齡化所帶來的；至於開發中國家則是因為汙染以及快速卻缺乏秩序的都市化進程所導致。有的疾病在某些地區嚴重影響人口壽命，但大致上說來，疾病並不會改變人口成長的總趨勢；不過要注意的是，移民以及頻繁的人口流動或許會加速傳染病的蔓延。

1 已開發國家人口的高齡化

二〇二五年時，將有約十二億人超過六十歲。從數字上看，高齡人口大部分在開發中國家，但從人口比例來看，已開發國家的高齡化程度則高達三〇%，而開發中國家僅有一三%的高齡人口。從長期發展來看，人口高齡化問題將使得絕大多數已開發國家的勞動力短缺，這種情況很有可能在二〇三〇年以後出現。

在二〇二五年以前，由於技術調整、高就業率以及移民潮的共同作用，勞動人口仍將保持在較高水準。不過高齡人口的依賴人口指數[2]將快速成長，尤其是在歐洲和日本，但對於大部分開發中國家來說，它們面臨的卻是勞動力過剩的困境。

2 移民增加

由於影響移民的因素繁多，所以只能粗略對移民潮做預測。總括來說，在最近幾年裡，國際移民數量呈現下降趨勢，一些社會與經濟條款的限制也對移民產生了制約作用。但從比例上看，從開發中國家流向已開發國家的移民數量是逐步上升的。我們預計，每年將有約二百萬名移民進入已開發國家，而其中只有一〇%來自非已開發國家。歐洲的移民總數（白俄羅斯、俄羅斯和烏克蘭除外）將達到四千四百萬人，與美國相同，僅次於亞洲的五千三百萬人。近幾年來，每年流向歐盟的淨移民數約處於一百五十萬至一百七十萬人之間，其中包括在義大利、西班牙等國的合法移民。

2 即六十五歲以上的非就業人口與十五至六十四歲的就業人口之間的比例。

我們無法準確預測歐洲移民的淨數量，只能說每年大致會有六十萬至一百萬人，美國則更多，每年約為一百二十萬人。美國的移民人口成長速度依然保持較高水準，同時也擁有夠大的勞動力空間，但在歐洲卻並非如此。根據聯合國的一份報告，高齡化的歐洲在未來幾十年裡，每年都需要約一百六十萬名移民（與現在的水準一致）才能保證有和目前相同數量的就業人口。由於大多數歐洲國家的出生率非常低，因此若希望依賴人口指數不變，就需要比一百萬更多的移民數。

對於非自願移民（因自然災害、軍事衝突等引起）的預測同樣相當困難。這類移民具有突發性和無規律的特點，一般認為他們會對所到地區造成破壞性影響。根據聯合國難民署統計，世界難民數量呈下降趨勢：從二〇〇〇年的一千二百萬人降至二〇〇五年的八百四十萬人，而這也是自一九八〇年以來的最低水準。但從二〇〇三年開始，難民在本國內的遷移變得越來越頻繁，二〇〇五年時，已經由四百三十萬人上升至六百六十萬人，而難民署定義的「弱勢人口」數量則有所增加（二〇〇五年為二千零八十萬人），此一現象主要是由伊拉克戰爭和索馬利亞危機引起的。哥倫比亞的情況也相當嚴重，共有二百萬人選擇移民。

3 開發中國家的健康問題

到了二〇三〇年，全球都市人口將超過總人口的六〇％。已開發國家的都市化程度（八一．七％）將高於開發中國家（五七％），但後者由於都市化進程而滋生的問題遠遠多於前者，因為這一類國家的社會在從農村向城市轉移的過程往往相當混亂不平衡。

人口數量與都市化程度的激增，以及伴隨而來環境品質的下降，都使得開發中國家的健康問題為之惡化；非洲與亞洲尤為嚴重：前者深受愛滋病、瘧疾以及登革熱之苦，後者則必須面對肺結核和呼吸道傳染病的威脅。登革熱是目前傳播速度最快的疾病，另外，已經對目前治療方法產生抗體的病菌，如結核桿菌等，也將是人類健康的大敵。近十年間，全球肺結核病例數成長了二〇％，二〇〇四年，有一百七十萬至二百萬人死於肺結核，每年還有八百八十萬人受到感染。如果此一趨勢繼續發展下去，根據專家估計，在二〇二五年到來之前，將有三千五百萬人死於該病。

瘧疾和愛滋病（它們或許是最致命的兩種傳染病）每年導致六百萬人死亡，它們與登革熱、腸胃疾病和呼吸道傳染病同列為束縛世界經濟發展的主要因素之一。根據世界衛生組織（WHO）估計，在非洲撒哈拉以南地區的瘧疾疫區，經濟成長將倒退一．三％，而肺結核則會使國內生產毛額（GDP）下降四％至七％。我們無法確定此一現象在未來是否有辦法解套，一切將取決於相關國家的公衛水準，以及相對應的社會和經濟發展水準。

不過與此同時，氣候暖化、人口密度增加、對健康問題的忽視以及生態系統的改變都可能造成「新型」疾病的出現（新的病毒源或者新認定的傳染因素）。帶有傳染病（瘧疾、登革熱等）因子的人員流動也極有可能擴大傳染區域。每年都有幾種新型疾病確診，而其中一些病症的危險性是難以預料的（如禽流感和SARS）。這些新型疾病將形成另一種威脅，除了直接的健康危害之外，這些疾病和抗體還可能引起多種流行病，進而對農業、貿易、人口遷移等造成不利影響。

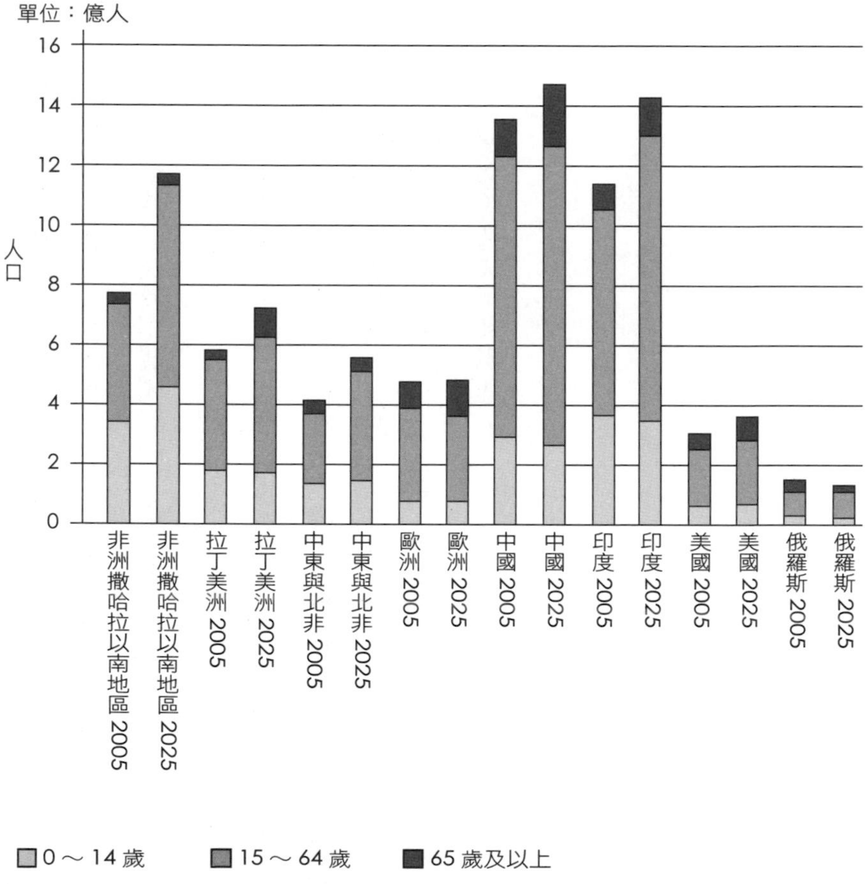

來源：聯合國經濟社會事務部人口處。參見：http://esa.un.org/unpp

圖一　主要國家與地區的人口成長趨勢（按年齡區分）

二、不同地區的情況

1 已開發國家

大部分已開發國家的人口成長率將有所下降（有的國家甚至會出現負成長），高齡人口比例則會上升，這些地區的人口平均年齡將從目前的三十八．六歲上升到四十三．一歲（世界人口平均年齡則將從二十八．一歲上升至三十二．八歲）。當然，不同國家之間有很大的差異，這主要是由於出生率不同所造成的。那些受人口下降和高齡化影響較大的國家將會為了吸引外來專業技術人員而展開激烈的競爭。

(1)歐盟

由於移民和高齡化的共同作用，歐洲人口數量將逐步上升，從二〇〇五年的四．五八億人增加至二〇二五年的四．七億人。歐盟內部各國的人口發展趨勢並不一致：法國與英國將保持穩定成長，部分國家的人口則將急劇下降，尤其是德國、義大利和西班牙；而各會員國的生育率都很低（根據歐盟統計，每位婦女平均育有一．五個小孩），同時人口壽命也將顯著延長，因此未來國家將進入高齡化社會——歐洲將有超過三七．四％的人口位於六十五至七十九歲之間，平均年齡為四十四．五歲，義大利甚至為五十．五歲。自八〇年代末以來，影響歐盟會員國人口成長的因素中，人口遷移就遠勝於自然成長。

在二〇二五年以前，由於移民數量增加，以及投入就業市場的老年人與女性越來越多的緣故，就業人口數量仍可以保持比較高的水準，但技術和專業人員將越來越缺乏。二〇三〇年後，適齡就業人員的數量將開始減少，再過二十年，高齡人口的經濟依賴程度將直線上升，從三七％飆升至四八％，這也將加重老人福利體系的負擔。

為了減輕歐洲勞動市場與日俱增的壓力，大部分會員國可能採取鼓勵外國技術移民的措施，實行較為寬鬆的移民政策，使得每年流向歐盟的移民人數達到六十萬至一百萬之間，其中大部分流向西南歐，特別是像義大利、西班牙這樣的南部國家；相反的，東歐每年約有七．五萬人移出。不過，歐盟這樣的移民規模只能在一定程度上減輕經濟的衰退和人口高齡化的負面影響。

(2)美國

二〇〇五年時，美國的人口為二億九千六百四十萬人，到了二〇三〇年，將增加至三億六千四百萬人。此一結果主要是由於其接近於人口替換水準（平均每位婦女育有二・一個孩子），同時也與壽命延長和移民數量的成長密不可分。就業人口比例（目前其就業人口年齡為二十至六十四歲）會輕微下降，由五九％降到五五・二％，不過移民和工作參與率的提升（老年人和女性）可以彌補這一點。

根據美國官方數據顯示，美國國內的種族比例將會有明顯改變。到了二〇三〇年，西班牙裔以外的白種人比例將下降至五七・五％（二〇〇〇年為六九・四％）；非裔人口的比例保持不變（一三・九％）；亞裔和西班牙裔的比例則將倍增，分別達到六・二％和二〇・一％。

移民，無論是合法還是非法，始終都是決定美國人口成長的重要因素。根據聯合國預測，在未來幾十年內，平均每年流向美國的淨移民數將達到一百一十萬人。二〇〇四年約有八十萬人非法移入美國（其中五七％來自墨西哥），從而使在美國的非法移民總數達到一千零三十萬人。來自移民，尤其是墨西哥和拉丁美洲移民的壓力將持續成長，並對美國的政治和文化產生重大影響。同時，安全問題將迫使美國在移民政策方面採取謹慎態度，在一定程度上減少移民數量。

(3)日本

日本則可能遭遇人口急劇減少的困境，到了二〇二五年，日本總人口將從目前的一億二千八百萬人銳減到一億二千四百八十萬人，平均年齡也將從四十二．九歲上升至五十歲。人口高齡化將大幅提高高齡人口的經濟依賴程度，並導致就業人口顯著減少。由於巨大的文化差異，移民很難幫助日本解決就業人口匱乏的問題。在合法移民中（二〇〇二年為三十四萬三千人），工程師和技術人員的數量相當少（分別為二千八百和一千八百人）。根據二〇〇二年的數據，共有一百八十萬名外籍人士合法僑居在日本，非法移民數則為二十五萬人。

(4)俄羅斯

和大多數國家一樣，俄羅斯人口也呈現明顯下降趨勢。從九〇年代中期開始，俄羅斯的人口出現負成長（一九九五年為負〇．〇二％），而到了二〇二〇年至二〇二五年，此一比例將降至負〇．五八％。儘管擁有相對較少的移民與較高的生育率（平均每位婦女育有一．四至一．五八個孩子），但人口在未來二十年內仍將從一億四千三百二十萬人降至一億兩千九百二十萬人。六十歲以上的老年人口數量將增加，占總人口的比例也將從一七．一％上升至二四．三％，而青壯年人口比例保持不變，約為一六％。如果無法適時提出相應的社會政策和措施，這樣的人口結構將會產生嚴重的社會問題。此外，俄羅斯也是世界上愛滋病感染率最高的國家之一，這也會對經濟和社會造成非常不良的影響。根據最為悲觀的估計，到了二〇二五年，俄羅斯總共將有一千一百萬人感染愛滋病毒，而有八百七十萬人因此喪生。

2 開發中國家

在未來幾十年內，大部分開發中國家仍將保持較高的出生率和人口成長率。人口結構依然相對年輕，平均年齡從二〇〇五年的二十五．六歲提高到二〇二五年的三十．八歲，適齡就業人口數量相當充裕，而此一趨勢將使人口重心由北向南遷移。

開發中國家的城鎮居民大約將成長一倍，二〇三〇年時，將從目前的二十二億人增加至三十九億人。世界上二十二個人口數超過一億的超大型城市中，有十五個將出現在開發中國家。在很多地區，尤其是非洲和印度，農村經濟會和擁有大量人口的城市共同發展。南部國家居民向北部遷移的趨勢仍將繼續，但速度會有所減緩。亞洲將成為接受移民最多的地區（每年有一百二十萬人），其次是拉丁美洲和加勒比海地區（五十七萬人），最後是非洲（三十三萬人）。不過對於一些小國來說，大量的人口移出會造成嚴重的人才流失，使得就業人口和創新能力被迫減少，最終將阻礙經濟發展。

(1) 撒哈拉以南的非洲

該地區的生育率極高。二〇〇五年，平均每位婦女育有四．七個孩子，到了二〇二五年，則將略減為三．五個；二〇二五年時，人口將從目前的七億三千一百五十萬人增加至十億四千萬人（成長四三％）。除了尼日之外（二〇〇五年，該國人口為一億三千一百萬人，到了二〇二五年，將增加到一億九千萬人），該地區沒有任何一個國家有能力負擔這樣快速的人口成長。平均壽命也將從四十五．八歲提高到五十二．三歲，但在更南邊的非洲，由於愛滋病的影響，此一數字將會低許多。年輕人口的比例仍然很高，預估在二〇二五年，將有五九％的人口年齡低於二十四歲，而平均年齡也偏低（二十．六歲）。不同區域的情況有很大的差異：非洲南部幾乎沒有成長，成長率只有〇．二％，二〇二五年時，人口將達到五千五百萬人；西非增加的速度相當快，人口成長率高達五二％，人口數將達到四億零一百萬人；東非也是如此，人口成長率有五五％，人口數可達四億四千七百萬人；而中非最為突出，人口成長率竟有六八％，人口數則為一億八千四百萬人。

該地區人口發展趨勢與醫療條件的進步緊密相連，尤其是瘧疾與愛滋病疫苗的發展有舉足輕重的角色。到目前為止，共有九％的非洲成年人口（即二億九千四百萬人）感染愛滋病毒。非洲大陸的人口僅占全世界的一一．四％，但全世界七〇％的愛滋病患都集中在這裡；因愛滋病死亡的人數占全世界死亡人口的七七％。在一九八〇至二〇二五年間，非洲死於愛滋病的總人數將達到六千七百萬至八千三百萬人。

瘧疾和登革熱也同樣相當危險，非洲每年有九十萬人死於瘧疾，占全世界總數的九〇％。另外根據數據表示，二〇〇四年共有五十八萬七千名非洲人死於肺結核。如霍亂等其他嚴重的傳染病，也極有可能使非洲的人口死亡率進一步上升。

到了二〇二五年，非洲大陸的人口密度仍相對較低，都市化程度也較低，仍有一半是農村人口。雖然都市化程度低於亞洲和歐洲，但都市人口的成長速度卻是最快的，比如尼日的拉各斯，都市人口成長率有四．五一％，剛果首都金夏沙則有四．〇三％。到了二〇二〇年，非洲將有十一座人口超過五百萬的大型都市、七百多座人口超過十萬的中小型都市。由於大量農村人口遷入城市，人口暴增將對非洲的社會安定帶來嚴重的負面影響，尤其是在基礎設施建設不足的地區。

(2) 中東和北非地區

中東和北非的出生率將繼續降低，其中北非從二．九一％降至二．三八％，中東從三．一一％降到二．五二％（包括土耳其和伊朗）。人口成長速度也將從一九八五年的三．四％、目前的二％，持續下降至二〇二五年的一．三％。但到了二〇二五年，人口數還是會成長三八％，由三億八千八百萬人增加到五億三千七百萬人。

勞動人口成長迅速，北非為四〇％，中東約為五〇％，但由於該地區許多國家的社會經濟形勢混亂，可能導致部分勞動力外移。依目前的情況來看，歐洲仍將是北非移民的最主要流入地區。如果該地區傳統的勞動力接納國家，即海灣合作理事會會員國[3]繼續為了保護自身勞動市場而限制外來移民的話，將會有越來越多的人流向歐洲大陸。目前在阿拉伯聯合大公國和卡達的勞動力中，約有九〇%是外來人口，沙烏地阿拉伯和巴林也有六〇%是外來勞動力。移民人口占海灣合作理事會國家總人口的三八．五%，在各會員國內的比例從二六%到八〇%不等，但各會員國目前正在逐步降低外來勞動力，尤其是來自印度、巴基斯坦和葉門的勞動者；對於勞力輸出國來說，這會讓國家失去相當程度的海外匯款。

另外，儘管該地區大部分國家的出生率都有明顯下降，但人口成長仍然相對過快，從而對基礎建設和整體經濟造成沉重負擔。隨著經濟全球化的深入以及人口結構的演變，將對社會安全帶來相當大的隱憂。舉例來說，一九九一年時，埃及曾經估計，從二〇一六年開始，生育率將降低至人口替換水準，到了二〇三〇年，人口總數將控制在九千六百萬人

3 海灣合作理事會（Gulf Cooperation Council, GCC）成立於一九八一年，為波斯灣周邊國家所組成的區域性貿易組織，成員包括巴林、科威特、阿曼、卡達、沙烏地阿拉伯，以及阿拉伯聯合大公國。

（二〇〇五年為七千二百八十萬人）。然而由於政策控制不力，二〇三〇年時，埃及人口將可能增加至一億零四百萬人。同時由於沒有人口生育政策，再加上婦女地位的提高（這也正是某些強調基本權益的政治力量所倡導的），屆時，人口還極有可能增加至一億一千二百萬人。不斷成長的人口意味著對資源需求的不斷增加，再加上埃及政府對於經濟發展的推動不力，這些都將嚴重威脅到國家穩定。

(3) 亞洲

亞洲仍將是世界上人口最多的地區，目前為四十億人，到了二〇二五年將有四十七億人。平均年齡仍相當年輕（目前為二十七．七歲，到了二〇二五年將提高到三十三．七歲）。

不同國家之間的差異相當明顯：如巴基斯坦的人口將從一億五千八百萬人增至二億二千九百萬人，生育率約為每位婦女二．六個孩子；而在印度，人口將從二億二千二百萬人增加至二億六千七百萬人，但是生育率會下降為一．八五人。姑且不論各國生育率為何，亞洲都將承受巨大的人口壓力，即使是一些生育率相對較低的國家，比如巴基斯坦和孟加拉（二〇二五年人口將達到一億八千六百萬人）亦然。

不論是內部遷移或外部遷移，亞洲的人口遷移仍然非常頻繁，並對亞洲較落後國家的經濟發展發揮了很強的推動作用（這些國家對海外匯款有相當程度的依賴）。根據聯合國預測，最主要的移民輸出國家為中國（每年淨移民數為三十二萬七千人）、印度（二十四萬一千人）、菲律賓（十八萬人）、印尼（十六萬四千人）以及巴基斯坦（十五萬四千人）。而海灣合作理事會會員國、日本、澳洲和東南亞已開發國家則是這些移民的主要輸入國。

此外，目前的新型傳染病毒大多出現在人與動物混雜的地區，因此亞洲大城市中，高密度的人口及動物也將構成越來越嚴重的健康威脅。同時，亞洲，尤其是南亞一帶，也有大量的愛滋病患。

■中國

到了二〇三〇年，中國的人口將增加到十四億四千萬人，勞動人口比例仍高，占總人口的六八．四％，不過已實行了二十多年的計劃生育政策將可能導致人口年齡結構呈倒三角趨勢發展，二〇二五年時，國民平均年齡會從目前的三十二．六歲提高至三十九．五歲，到了二〇三五年，更將提高至四十三歲。

從二〇一五年開始，由於人口高齡化趨勢加劇，六十五歲以上的老年人口比例將由目前的七％急速上升，到二〇二五年時將有二〇％的人屬於老年人口；而依賴人口指數也將逐步成長，預估二〇一五年為四〇％，二〇三〇年則為五〇％。仔細區分，二〇一五年時，十五歲以下人口的依賴率將為二六％，老年人則為一三％；到了二〇三〇年，前者將變為二五％，後者則變為二四％。高齡人口的快速成長將使得國家必須提高公共衛生與老人福利方面的預算，並進一步產生大量社會問題，影響到整個中國經濟的發展。但與此同時，強大的初級產業勞動力可以使中國工業仍然保有巨大的潛力，並促進周邊二級與三級產業區域的建立，從而讓人口流動能夠符合經濟結構調整的需要。另外，在未來的十幾年內，教育體系每年將培養五百萬名大學生，並讓他們能夠順利地參與經濟建設。城鄉之間所存在的巨大差異將刺激人口進一步向城市遷移，尤其是流向沿海地區。其都市化程度將從現在的四一％發展到二〇二五年的五七％（即八億二千四百萬人），其中將有八五％的人口集中在中部及東部地區。

■印度

印度人口仍將飛速成長。從現在到二〇三〇年，印度人口將增加三億二千萬人，遠高於中國，相當於非洲撒哈拉以南地區所有國家人口成長的總和。

印度的人口出生率高於人口替換水準，二〇〇五年為二．七六人，二〇二五年將有二．一一人；平均壽命也有所增加，二〇〇五年為六十五歲，二〇二五年則會達到七十歲。到了二〇二五年，印度總人口將非常接近中國（前者為十三億九千萬人，後者為十四億四千萬人），但人口年齡結構要比中國年輕得多，預計二〇二五年時，人口的平均年齡為三十．四歲，二〇三五年則為三十三．九歲。老年依賴人口指數相對較低，但超過六十五歲的老年人口數量將會倍增，到了二〇二五年，約有八千萬名老年人，占總人口的六％。

印度人口分布仍然很不平衡。到了二〇二五年，印度仍是一個以農村人口居多的國家，有六二％的居民生活在農村（目前為七一．三％），但城市人口的密度相當高，目前為每平方公里三百三十六人，二〇二五年將達到四百二十五人。內部的人口移動將大大增加大城市的人口數量，預計將有六十至七十個城市的人口會超過一百萬人，進而使原本早已飽和的基礎設施負擔更加沉重（現在僅有三〇%的人口享有先進的醫療衛生系統）。此外，還有專家擔心，印度將在未來幾年內遭遇愛滋病大規模蔓延。在二〇一〇年以前，印度的愛滋病例約為二千五百萬名，而二〇〇〇年至二〇一五年這十五年間，死於愛滋病的人數可能達到一億二千三百萬人；接下來在二〇一五至二〇五〇年這三十五年裡，此一數字恐將高達四億九千五百萬人。

第二章 經濟

經濟成長與政治、安全、人口、科技進步以及能源價格等許多因素都有密切關連，生產力、投資、貿易和資本等多種指標則可以用於衡量經濟發展結果。儘管難以準確預測未來的經濟走向，但大方向仍然是可以把握的。

一、總體趨勢

經濟成長與政治環境、國家安全、人口、科技進步和能源價格等基本因素密不可分。勞動生產率、投資量、交易量、資金流量等數字可用於衡量經濟結果。雖然各種因素的複雜度不同，使得預測未來經濟趨勢變得相當困難，但我們對於一些大方向仍然可以有比較清晰的認識。

經濟全球化進程將持續快速發展。儘管會受到保護主義的影響，但世界各國間的貿易日益頻繁將是大勢所趨。

隨著經濟開放程度不斷提高，以及新的貿易力量出現，世界經濟競爭將越來越激烈，相應的社會經濟體制也將有所調整。已開發國家與開發中國家之間的差異將逐漸消除，而不能適應此一改變的國家和地區將有邊緣化的危險。

「三巨頭」——美國、歐盟和日本——可能將繼續占據高附加價值產品的市場，同時也會繼續將它們的生產工具——尤其是勞動力以及某些企業服務——移轉到所得水準較低的國家和地區。

許多國家將從產業移轉中獲益，並形成新的經濟勢力。尤其是亞洲國家，將保持其發展優勢，從而使世界經濟中心遷移至此。

亞洲經濟將以最快的速度成長，到了二〇二五年，中國和印度的ＧＤＰ將提高到目前的三倍，但是這兩個國家的人均GDP仍然遠遠落後經濟合作發展組織（OECD）[4]的會員國。兩國內部的貧富不均將變得更加懸殊，而經濟成長的程度將取決於兩國各自的內部改革、能源供應及基礎設施建設水準。

1 世界經濟成長更加迅速

經濟全球化將在未來二十年內進一步深化，從而刺激整個世界經濟高速發展。與一九八五至二〇〇六年相比，二〇〇六至二〇三〇年間的經濟成長速度將大幅提高，主要原因是開發中國家經濟的起飛。我們預測，到了二〇二〇年，世界各國GDP總和會比二〇〇五年的四十四．四兆美元高出三分之二，達到七十二兆美元的水準。開發中國家GDP的平均成長率（四．二％）將高於已開發國家的二．五％。

去除不確定因素的影響，整個世界的貿易、投資以及國際資本流動都將持續成長，這

4 經濟合作發展組織（Organization for Economic Cooperation and Development, OECD）成立於一九六〇年，目前有三十四個會員國，屬於政府間的國際組織。

也將加深市場一體化的程度。商品與服務貿易的增加速度將超過經濟成長率，二〇三〇年的貿易量會是目前的三倍，達到二十七兆美元。

另外，國際貿易除了將繼續保持其地理多元化的特點，也會傾向新興市場。這將對全球化進程帶來極其深遠，甚至自相矛盾的影響。市場的大規模開放及國際競爭的日趨激烈都將促使各國進行結構性調整，並對各國的經濟模式造成衝擊，對國內政策也會有所影響。

新經濟強國將登上國際舞臺，已開發國家與開發中國家將在各個領域競爭。隨著教育水準的提高和投資力度的增加，中國與印度的產業分工將更加細緻，並加速發展高附加價值的科技產業。科學技術的突飛猛進將全面推動全球化發展。創新將為高科技業帶來生產方式與組織形式的巨大變革，結構將更為靈活，國際分工和跨國聯盟將更發達。越來越多的企業會將部分業務以最有效率的方式外包至世界各地。外包服務的起步雖然很晚，但後勢強勁，企業外包服務的產值已從二〇〇二年的十三億美元，飆升至二〇〇七年的二百四十億美元。資訊與通訊技術的不斷革新將大大提高產值。企業會透過直接投資和外包兩種方式，逐步將服務部門遷移到國外。

2 貿易途徑多樣化

外商直接投資與國際貿易將並行不悖地向前發展，並面對新的方向和定位。已開發國家不再是唯一的投資者。從過去的十五年來看，開發中國家的外商直接投資成長速度高於已開發國家（儘管九〇年代初期，開發中國家的投資幾乎為零）。二〇〇五年，開發中國家占全世界外商直接投資量的十分之一（一．二兆美元）、流量[5]的一七％。值得注意的是，亞洲國家的直接投資量占開發中國家六二％（一九八〇年時僅占二三％）。由此可見，亞洲國家的經濟活力遠遠大於其他開發中國家。此外，開發中國家之間的直接投資成長速度也高於已開發國家。二〇〇〇年時，來自開發中國家的直接投資占全球直接投資的比例就已經超過三〇％。與其他地區一樣，開發中國家旨在便利外商直接投資的國際協定也越來越多。

貿易多樣化已是現今顯而易見的趨勢，在未來還會以更快的速度發展，區域經濟一體

5　經濟學上的「流量」反映了一定期間內的交易過程及其他價值轉變（如價格變動造成資產價值改變等）；存量指至某個時點為止（如年末或季末），經濟體系所擁有的資產價值，包括金融資產及非金融資產。

化的不斷鞏固是國際貿易的主要趨勢之一。東亞是最為突出的貿易區域，自一九八四至二〇〇四年，亞洲開發中國家的出口量幾乎成長了一倍，占全世界的二一．三%，跨區貿易的比例也從一九八四年占亞洲開發中國家出口總量的二二%提高至二〇〇四年的四〇%，而其中有五四%是對日貿易，此一數字在北美是四六%，歐盟是六四%。同時，貿易途徑也根據新的地區與國際勞動分工而重新定位。中國對美國及歐盟的最終產品出口量迅速上升，亞洲已開發國家因此失去了部分市場，但同時也增加了中間產品及設備對中國的出口。

亞洲仍然是西方市場（尤其是美國）的附屬市場，為它們提供最終產品出口。不過亞洲新經濟強國的中產階級迅速壯大以及隨之產生的巨大需求，將可能導致貿易結構發生變革，出現一些新的出口貿易管道。中國、印度、巴西，以及處於經濟復甦期的俄羅斯這四大新興經濟體中，中產階級（這裡指年收入超過三千美元的個人）數量將在十年內超過八億人。如果此一趨勢得以繼續，到了二〇二五年，這幾個國家年收入超過一萬五千美元的個人將增加二億人。收入的增加將對亞洲各國的內部市場產生直接影響，亞洲也可能在十年後成為全球最大的汽車市場。當然，影響不會只局限於經濟領域，這些地區的民眾對於政府管理、政治與經濟政策的透明度等都將提出更高的要求。

3 貿易優惠協議數量激增

貿易優惠協議的大幅增加也是一個重要的觀察方向，尤其是雙邊自由貿易協定。與世界貿易組織杜哈回合談判[6]所倡導的多邊自由貿易相比，這些優惠協定涉及更廣的領域（如投資、競爭、環境及就業等），並能更有效地推動簽約國的經濟合作。但錯綜複雜的區域和雙邊協定也會導致規範制訂上的衝突，並且影響到貿易的透明度。此外，杜哈回合談判的受挫也將加深此一不良影響。

由此產生的經濟分散將使歐盟、美國等大型經濟貿易體受益。全球經濟合作決策的複雜性將推動越來越多雙邊與地區性協議的簽訂，這反而會對全球貿易帶來損害。中國、印度以及其他國家會對美、日、歐三方在最重要的三個國際經濟組織（世貿組織、世界銀行、國際貨幣基金組織）中的傳統地位提出質疑。也由於已開發國家和開發中國家都採取

6　WTO在二〇〇一年十一月於卡達首都杜哈所舉行的「WTO第四次部長級會議」中開始的新一輪多邊貿易談判。原訂於二〇〇五年一月一日結束所有談判，但由於至二〇〇五年年底前仍無法達成協議，最後在WTO總理事會的批准下暫停。

「國家主義」政策，使得這些國際組織的改革變得舉步維艱。新崛起的經濟體，如中國和印度，也可能為了滿足自身利益，依靠日益強大的經濟實力來改變國際經濟格局。當然，這些經濟體間的分歧與衝突是不可能顛覆全球化趨勢的。

4 非洲撒哈拉以南地區與世界其他地區的差距加大

貿易與投資的全球化使許多國家獲益，但並非對所有國家都是如此，那些被排除在國際貿易和國際投資之外的國家將會越來越被邊緣化。從全世界來看，國家間的收入差距將縮小，此一進步很大程度有賴於南亞和東亞人口大國經濟的快速成長，特別是中國和印度。但已開發國家（以及其他新興經濟體）與非洲撒哈拉以南地區之間的差距卻越來越大。如果要縮小此一差距，撒哈拉以南的非洲各國以及其他未開發國家必須達到並保持遠高於世界平均水準的經濟成長率。

儘管極度貧困的人口有所減少，但情況仍不甚樂觀。根據世界銀行所定義的標準，生活在極度貧困條件下（每日收入少於一美元）的人口呈下降趨勢。與一九八一年相比，二〇〇一年時，極度貧困人口已減少四百萬人。在亞洲，快速成長的經濟有效紓解貧困現象（尤其是中國、印度和孟加拉）。然而非洲的極度貧困人口從一九八一年的一億六千萬人增加到現在的三億零三百萬人。如果當前的全球經濟成長率得以繼續，那麼聯合國千禧年發展目標（Millennium Development Goals, MDGs）[7]之一，也就是希望在二〇一五年時，全世界極度貧困的人口數量能減少到一半（從一九九〇年的十二億一千八百萬人降至預期的六億一千七百萬人）是可以實現的。但這僅僅是因為亞洲的發展彌補了撒哈拉以南非洲的落後，到了二〇一五年，撒哈拉以南的非洲地區極度貧困人口將達到三億三千六百萬人；換句話說，是屆時整個非洲人口的三八％。

此外，雖然極度貧困人口大幅減少，但相對貧困人口的下降速度卻很緩慢。每日收入在兩美元以下的貧困人口僅從一九九〇年的二十六億五千萬人下降到二十六億一千萬人。不過，此一數字在中國的下降速度是驚人的，已從八億二千五百萬人減至五億三千三百萬人。根據我們的估計，從現在到二〇一五年，貧困人口將從二十六億一千萬人降至十九億

7 二〇〇九年九月聯合國千禧年高峰會上通過了一項經一百四十七個國家簽署、一百八十九個國家採納的《千禧年宣言》，訂下八大目標，其下有十八個可量化目標及四十八項指標，希望能在二〇一五年前完成。

九千萬人；這在相當程度上也取決於亞太地區經濟的起飛，尤其是中國的崛起。由此可見，貧困降低的速度會隨著區域和相關標準的變化而有所不同。

5 財富重分配

經濟上的巨大差距，自然會使不同國家在全球化進程中所面臨的挑戰大相逕庭。已開發國家與開發中國家有著本質上的不同：已開發國家需要適應的是日益加劇的國際競爭，並讓缺乏競爭力的產業發展成為新的優勢產業，這樣的挑戰將促使已開發國家企業中，部分的生產和服務部門外移，進而帶來沉重的社會負擔，也可能因此造成保護主義重新抬頭；但從另一個角度看，全球化為已開發國家社會帶來的負面影響並非嚴重到無法收拾。雖說某些地區和勞力密集產業可能在全球化競爭中付出代價，但全球化所帶來的巨大收益將促使已開發國家竭力保障自由市場的現狀和活力，並在一定程度上抵制保護主義。

而對開發中國家來說，加強基礎建設、發展人力資源、改善管理結構以及規範投資標準都勢在必行。非已開發國家的經濟發展將遭遇巨大障礙：儘管它們的經濟成長一部分有賴於貿易自由化的推動，但進口稅收的逐步降低，再加上與新興經濟體相比在貿易優惠上的劣勢，對這些國家的發展都會帶來嚴重的影響。當然新興經濟體（如印度和中國）具有強大的初級產品購買力，這在一定程度上可以降低一些負面影響。

從目前的發展趨勢和變化來看，已開發國家的資源、貿易和國際直接投資的相對價值將有所下降，相對的則是新興經濟體的上升。我們可以預見，到了二〇二五年的時候，亞洲將成為全球經濟中心之一。OECD國家在全球GDP所占的比例將有所下降，以購買力平價（Purchasing Power Parity, PPP）[8]來計算，將從二〇〇〇年的五五％降至二〇三〇年的四〇％，而亞洲的購買力則將從二四％提高至三八％。還有些預測表示，到了二〇二五年，巴西、俄羅斯、中國和印度的GDP總和將達目前世界最大的六個已開發國家（美國、日本、德國、英國、法國、義大利）GDP總和的一半，到了二〇四〇年則將超越這六個國家。從單一國家GDP來看，美國、中國（二〇一六年GDP總和將超越日本）、日本、印度和德國成為二〇二五年時世界最富裕的前五個國家。

8 又稱「相對購買力指標」，是一種根據各國不同的價格水準所計算出來、與貨幣之間的等值係數，透過此一指標，可以對各國的GDP進行合理比較，但這種理論匯率和實際匯率可能有很大的差距。

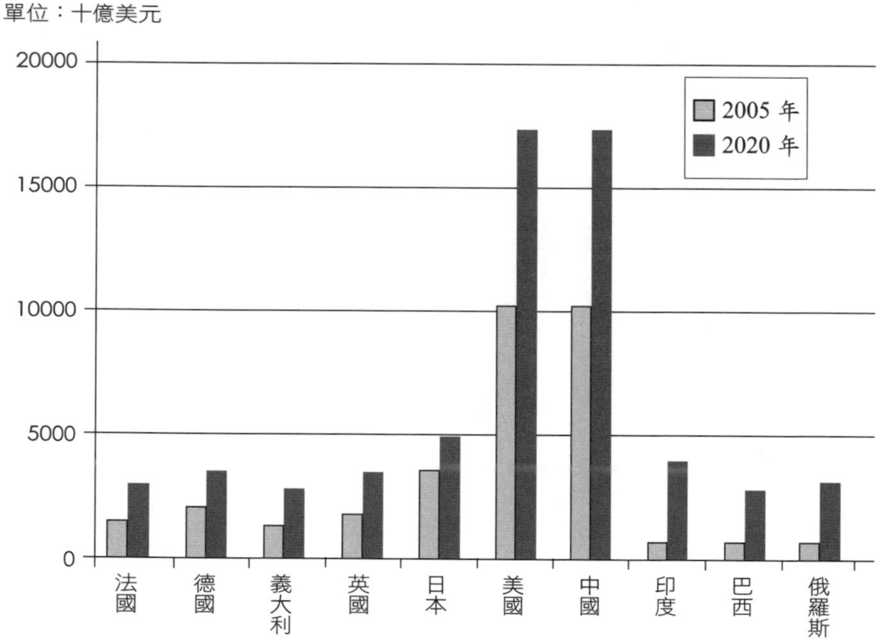

來源：威爾森（Dominic Wilson）、露帕（Roopa Purushothaman），〈與金磚四國一同築夢：到二〇五〇之路〉，《全球經濟論文》（*Global Economic Paper*），第 99 期，2003 年 10 月。

圖二　GDP 預測成長圖

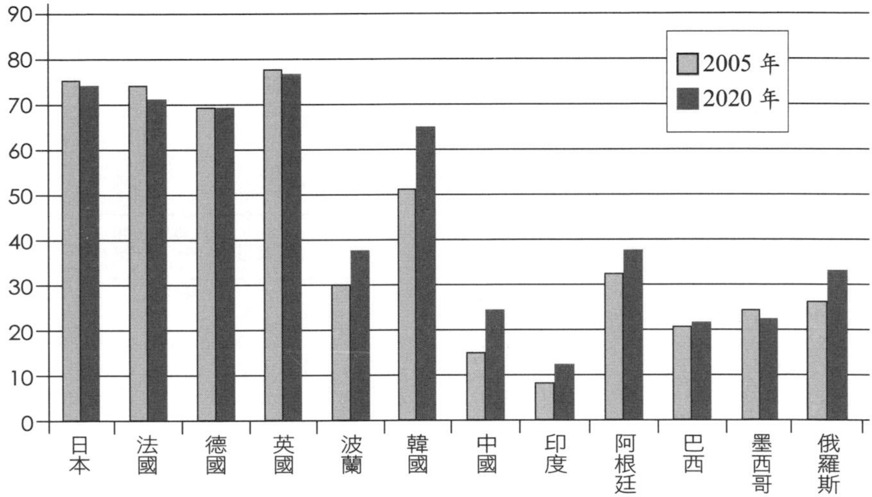

來源：〈展望二〇二〇：經濟、工業與企業走向〉，《經濟學人智庫》（*Economist Intelligence Unit*），2006 年 3 月

圖三 按購買力平價所計算的人均 GDP 水準（美國為 100）

當然，如果從人均GDP來看，情況則大不相同。以購買力平價來計算，中國目前的人均GDP為六千三百美元（是美國的一五％），到了二〇二〇年有可能達到美國的二四％（高於巴西目前的水準）。二〇〇五年時，印度的人均GDP為三千四百美元（是美國的八％），即使到了二〇二〇年也只能上升到美國的一二％，接近泰國現在的水準。開發中國家的人均GDP成長率只能從最近二十五年的二・一％上升到三・一％，新興經濟國家在這方面的差距還需要幾十年的時間才能與已開發國家相提並論。

二、不同地區的情況

1 新經濟大國

中國和印度經濟的上升在未來二十年裡仍然強勁，它們將分別強化各自在世界舞臺上「工廠」與「服務供應者」的角色。此外，它們還將加速各自的經濟多樣化：印度將擴展其製造業基礎；中國則會從商品生產逐步向服務業轉型。由於亞洲地區的需求迅速上升，中印兩國可能分化它們目前的貿易模式以適應這種發展。這兩個國家會想辦法盡快趕上已開發國家的步伐，但也有很多方面只具備開發中國家的水準（如人均GDP、社會保險體系等）。為了保持目前的經濟成長水準，兩國必須對能源和交通方面的基礎建設進行大量投資。

(1) 中國

中國的經濟成長在未來二十年裡仍將繼續，但速度會有所緩和。二〇二五年，中國的GDP將是現在的三倍，僅次於美國，成為世界GDP總量的第二位，但人均GDP仍將處於相當低的水準（二〇二〇年時大概只有美國的四分之一）。

工業生產仍將是中國GDP的主要動力。生產水準將逐漸提高，從簡單廉價的產品過渡到高品質的產品。中國企業在高級設備產品以及高附加價值產品這方面會遭遇國外的激烈競爭，當然中國也極有可能在資訊科技、生物、航太科技等這些政府認定優先研發的領域趕上已開發國家的水準。

到了二〇二五年，中國將同時成為世界最大的進出口國。中國的貿易成長速度相當驚人，在二〇〇三至二〇〇五年的三年裡，每年都以三五%的速度上升；出口尤其活躍，特別是對美國、德國和荷蘭的出口（二〇〇五年的成長率分別為三〇%、三七%和四〇%）。中國占亞洲地區進口量總量的三分之二，占出口量總量二分之一。因此，中國也成為亞洲地區越來越重要的經濟樞紐。同時，對陸海空等基礎設施的大量投資，以及外部貿易自由化程度的不斷提升，都促使中國成為全球最大的貿易國。

在大規模工業發展的背後，是對初級產業的完全忽視。在中國絕大部分省分中，農村人口仍占多數，他們以從事農業生產為主，但很多地區的農產量都無法滿足當地的需求。此外，每年還有二十萬公頃的農業用地因為沙漠化、區域合併或城鎮擴張而流失。因此，中國對糧食進口的依賴程度可能越來越高。

另外，要保持工業的高速成長，就必須維持鉅額投資，以保證初級能源和電力的供應，但不健全的金融環境將使問題惡化，而且這些問題與國家和經濟之間的相互滲透有密切關連。農村貧困地區與沿海城鎮區域之間的貧富差距還有可能進一步拉大，進而加深社會壓力和對立。

人口的上升也將使問題更加嚴重：從二〇一五年開始，隨著退休人口的激增，高齡人口將急速上升，到了二〇二五年，將占總人口的二〇％（目前僅占七％），也就是三億人。因為目前中國高齡人口的老年保險和社會保險制度還不健全，所以必須耗費大量資源以建立完善的老人福利體系。環境的惡化更將成為一顆定時炸彈，到了二〇三〇年，中國GDP總量的一五％會用於處理因直接汙染所造成的健康問題。

(2) 印度

從現在一直到二〇二五年，印度應該可以保持每年六％至八％的經濟成長率，這將使它成為世界第三或第四大經濟體，與日本不相上下。這一良好的發展態勢主要是由於印度的人口優勢、教育與基礎設施方面的投資增加（儘管仍然不夠）以及更融入世界經濟。但印度的人均GDP水準仍然很低，即使到了二〇二〇年，也可能只有美國的一二％。事實上，還有約三分之一的印度人——即三億六千萬人——生活在極度貧困狀態下，儘管此一數字在最近幾十年已大幅下降。這些有關貧困的數據在一定程度上抵消印度在某些經濟領域的重要成就，並有可能在未來造成發展和就業方面的困難。同時還應注意到，印度人在美國及海灣地區形成的大規模群體，使它成為開發中國家海外匯款最多的國家之一，二〇〇三年已有二百一十七億美元，占印度GDP的三．六%。

由於人口結構年輕、成長速度快，印度將在未來二十年裡，每年將增加一千五百萬名勞動力。印度將擁有越來越多的科技人才、資訊科技工程師和專業技師，儘管這些人才的水準參差不齊，僅有少部分具有國際競爭力，但精通英語的他們將成為印度經濟成長的新契機。

印度是世界上最大的資訊科技服務外包國家，集中全球二五%的相關經濟活動。很多國家才剛開始將它們的部分服務轉移到國外，因此服務外包還有發展空間，但整體來說是有限的：它只能提供三百萬個就業機會，所涉及的行業主要包括軟體、維護和資料處理。另外，印度的技術發展主要依靠的是進口，而不是自身的科技創新，激烈的競爭將不只來自中國，同樣也會來自俄羅斯、巴西和東歐國家。印度的醫藥產業將繼續進步，發展能力也會越來越具有自主性。全世界的非專利藥物產品可提供四百八十億美元的產值，印度產品就占了一六%，美國藥物食品管理局（FDA）也認為印度醫藥生產廠商的數量是美國以外最多的。印度研發新型非專利藥物的成本僅為美國的十分之一，使它得以繼續保持領先。

整體說來，印度如果要為年輕人提供充足的就業機會，並降低對農業的依賴程度（農業占GDP的二二%，卻消耗了五五%的勞動力），就必須充實其工業基礎。印度最有潛力的工業有紡織、服裝、醫藥、民用航空以及生物技術。當然，工業的發展首要取決於基礎設施的改善。在未來的十至十五年內，投入交通建設的資金預計將達到一千五百億至二千億美元，基礎建設的整體投資規模則相當巨大。由於政府預算赤字已經相當高，私人投資，尤其是外國投資將在大規模的基礎設施建設計劃中占據重要地位。不過在吸收外國資金方面，到了二〇二五年，印度的外資將僅有七十億美元的投入，遠遠低於中國的七百二十億美元，僅比印尼的五十億美元稍微高一點。

印度對區域貿易體系的參與也會越來越多。在二〇〇四年，「東協十加三」[9]將成為印度最大的貿易夥伴，占其貿易總量的二〇%；緊隨其後的是歐盟，占一九%。就單一國家而言，美國是印度最大的貿易夥伴國，貿易量在二〇〇四和二〇〇五年就已占總量的一

9 指東協的十個會員國，以及中國、日本、韓國三個非會員國。

一％；中國排名第二，從二〇〇四至二〇〇五年，中印兩國的貿易量增加了八〇％。

2 「三巨頭」繼續領跑

目前的經濟三巨頭將面臨新興經濟體日益成長的競爭壓力，並繼續將經濟活動遷移至勞力密集的地區，但它們也必須將經濟活動的核心部分保留在國內，尤其是那些資金與研發密集、遷移成本與生產價值比例偏高的行業。同時，已開發國家與新興經濟強國間的金融和投資往來將更加密切，新興經濟強國主要投資已開發國家的生產工具，並持有已開發國家的外債。

(1) 美國

到二〇二五年，美國仍將是經濟最發達的國家，GDP總量及人均GDP都將保持世界第一。形成這一結果的主要結構性因素有以下幾點：一、人口成長率與高品質的人力資本、勞動市場的高靈活度，以及從業人員的強大生產力。二、積極創新，對未來具戰略意義的產業（如資訊科技、生物科技和奈米科技）投入更多科學研究資源。三、迅速將科技創新應用於生產的能力。四、廣闊的內需市場，以及便利的風險投資准入條件等等。美國仍將是專業服務與企業服務龍頭，尤其是在資訊和電信技術產業。服務業將有利於保持美國的貿易平衡，因為它將使商業貿易持續出現逆差。

從一九九七年到二〇〇四年，美國的需求占世界總量四六．六％，但它在世界經濟中的龍頭地位並不穩固。預算與經常帳的持續赤字是美國維持內需最不穩定的因素之一，目前的經常帳赤字約為八千億美元，占GDP的六．四％，主要為東亞國家和石油生產國的盈餘。

二〇〇〇年，美國的預算盈餘占GDP的一．三％，到了二〇〇五年，預算赤字則占GDP的四．一％，其中有部分原因是龐大的軍事支出。如果目前的形勢持續下去，這兩項赤字不管從絕對數量或占GDP的比例來看，都將進一步擴大。在未來的幾十年內，人口高齡化和不斷成長的福利支出將為財政預算帶來沉重的壓力：聯邦政府在社會保險、老年人口及低收入人口醫療保險方面的支出將從二〇〇五年占GDP的八％上升為二〇三〇年的一五％左右。

美國的雙重赤字同時也是世界金融和貿易失衡的主要因素，是世界經濟危機的主要原因。目前美國的主要債權國是中國和日本，但由於美國每年必須從國外引進近一兆美元的資金以填補赤字，因此美國的債權國數量還會再增加。貿易失衡很容易造成美元貶值，要想規避這種風險，美國政府就必須盡量鼓勵民眾儲蓄以減少政府赤字，同時還需要那些希望對美國保持貿易順差的國家繼續增加投資，鼓勵內部消費。此外，匯率的調整也是一種可行的辦法。

(2)歐盟

歐盟經濟的成長速度比美國慢，人口問題仍是經濟發展的主要障礙，高齡人口的增加將使經濟負擔更加沉重。

二〇二五年以前，由於老年人和婦女勞動參與率的提高、生產力的提高以及移民的遷入，歐盟還能保有充足的勞動力。但根據歐洲委員會預計，到了二〇三〇年，適齡勞動人口將減少六．八%，使得合格勞動者不足的現象更加惡化。高齡人口的比例會持續上升，並造成老人福利及醫療方面的問題。

企業生產與服務部門的不斷向外遷移，也會進一步削弱歐洲的工業，並使大量就業機會流失，尤其是勞力密集產業。生產與服務部門不只遷移到歐盟以外的地區，也會向中東歐的新會員國移動。選擇這些歐盟新會員國對於投資者來說有很多理由：低廉的工資、便利的地理位置，以及穩定而健全的制度環境等。工業核心產業（電信業、機械工程業、汽車業、民用航空業）必須保持競爭力與創造力，但科學研究投資的相對不足以及過度調整則可能使歐洲在未來的戰略科技領域受到限制，並遭遇來自新經濟強國——中國和印度的挑戰。

歐盟的專業化模式已經有所發展，歐盟國家在高階產品領域保有很強的優勢，低階產品市場則有縮小的趨勢。同時，從九〇年代末開始，歐盟與美國和日本一樣，在高科技領域都受到來自中國的強烈衝擊。不過，科技與創新可以為歐洲工業帶來新的生機。歐洲在諸如化學與製藥工業等核心領域一直處於領先地位，在這些方面的創新將深深改變市場形勢。當然，歐盟必須改革並重組市場，才能增強競爭力和創造力，也只有這樣才能繼續保持在上述領域的優勢。對技術革新和經濟改革的重視，反映了里斯本高峰會[10]中關於歐洲

10 歐盟會員國領袖在二〇〇七年十二月於葡萄牙里斯本高峰會中簽署了《里斯本條約》（*Treaty of Lisbon*），以取代二〇〇五年遭法國及荷蘭公投否決的《歐盟憲法》。

經濟未來進程與目標的重要性。高科技與高品質產品的設計，與生產能力、研發能力的發展，以及高品質的勞動力將決定歐盟經濟的未來。另外，如果歐盟想和美國一樣提高服務業的生產力，就應該增加對服務業資訊科技及電信的投資力道。

但不管如何，里斯本目標已經被視為「合乎願望的」，而非「可實現的」計劃。歐盟在科學研究方面的支出只有美國的三分之二。二〇〇四年，歐盟用於科學研究的支出只占GDP的一．九三％，而美國為二．五九％、日本為三．一五％、中國為一．三一％。從二〇〇〇年到二〇〇三年的這四年裡，每年也只成長〇．〇七％。如果以這樣的速度成長，到了二〇一五年，科學研究投資占GDP的比例還是遠低於里斯本目標的三％。造成這一結果的主要原因是私人科學研究投資比例過少：日本為七三．九％，美國為六三．一％，而歐盟只有五五．六％。不過，部分介於歐洲公部門與私部門之間的機構已經著手針對一些戰略領域的研究進行長期投資（其中包括燃料、奈米技術、製藥業、資訊系統、航太工程、環境監督）。此外，歐盟並未全部發揮其科技潛力：歐洲的科技出版物占世界的三八．三％，名列世界第一，但在科學專利方面卻遠遠落後於日本和美國。

(3)日本

經過了十年的經濟停滯（九〇年代平均經濟成長率為一．四％，二〇〇一至二〇〇三年為〇．四％），日本的經濟成長率相對有所上升（二〇〇四年為二．六％，二〇〇五年為二．三％）。但日本未來幾十年的經濟成長前景仍是所有已開發國家中最悲觀的。生育率的低下（目前為一．三人）將導致日本在未來二十五年適齡就業人口減少五分之一。與歐洲經濟相比，人口因素對日本經濟的影響將更明顯。就業人口的減少、消費市場的低迷，以及經濟外移的代價可能阻礙GDP的成長。當然，婦女和提前退休者對勞動市場參與率的提高可以緩和這種相對較低的成長率。

高齡化的加速使日本未來面臨的挑戰相當嚴峻：稅收的嚴重短缺和龐大的公共債務（目前的債務超過GDP的一七〇％）。日本政府希望在二〇一一年達到預算平衡，但日圓飆升以及二〇一一年發生的大地震及核電危機，使得日本財政雪上加霜。

日本融入全球經濟的程度以及與鄰國的關係都有了快速發展，這主要是因為中國已超越日本成為該區最強勢的貿易體。日本的主要貿易對象從美國迅速轉向中國，此一趨勢在未來將變得更明顯。一直以來，日本都是中國的最大貿易國，但二〇〇四年開始，一個決定性的轉折出現了：中國第一次成為日本的最大貿易國。事實上，日本企業一直將它們的生產環節遷移到亞洲的開發中國家，尤其是中國，從而在亞洲形成新的勞動分工形式。

在所有的OECD成員國中，日本的外商直接投資、進口品滲透以及外國勞動力在國內市場參與率都是最低的，不過日本近年來一直努力開放市場，希望提高國外投資對GDP的占比。

3 世界其他地區

亞洲的其他國家，尤其是馬來西亞、泰國、印尼和韓國的GDP將繼續快速成長。拉丁美洲的某些國家，如墨西哥、智利、阿根廷和巴西也將保持強勢的經濟成長。但相反的是，世界上其他國家的經濟將很難融入國際市場，隨時有邊緣化的危險。

(1) 非洲撒哈拉以南地區

該地區的貿易量和外商直接投資僅占全球總量的二%，達到了歷史最低。同時，生活在極度貧困線以下的人口卻占了總人口的四六％。

絕大多數國家的GDP成長速度都低於七％。七％是聯合國千禧年發展目標所提出的要求，因為只有這樣，二〇一五年時才能使該地區的貧困人口減少一半。當然，該地區的經濟也並非完全陷入泥淖。二〇〇五年，該地區的經濟成長率已達到五．二％，而九〇年代的平均值僅有二．三％；但如果我們將此一趨勢放到具體的環境中，情況就截然不同了。根據區域的不同，經濟成長所帶來的影響有所差異，一方面是由於非洲撒哈拉以南地區的市場相當分散，而且人口密度很低；另一方面是因為該地區五五％的經濟活動都集中於南非和尼日，區域經濟發展十分不平衡。另外，由於人口成長過快，該地區的人均GDP實際上比八〇年代下降一．三％，比九〇年代降低了〇．三％。當然，這一趨勢將逐漸有所改變，但這個區域需要幾十年的時間才能真正走出貧困。

自然資源富足的國家與匱乏的國家之間的經濟形勢有著天壤之別：二〇〇五年，石油出口國——如尼日——的經濟成長率為六．四％，而石油進口國則只有四．三％。這些資源豐富的國家對初級原料（石油、鐵、銅、鑽石）出口的依賴相當高，並且很難加工生產出符合市場需求的高品質商品。那些無法生產原料的國家情況則更不樂觀，因為石油價格的攀升將使該國的赤字擴大，物流基礎設施的落後也將嚴重限制其發展。

由於灌溉技術的低劣，非洲農業相對落後，缺乏投資和糟糕的環境條件則使情況更加惡化。農業用地生產力低下，加上人口過快成長，將使得該區的食品進口量大幅成長。儘管製造業在某些領域——如紡織業——已經有了長足的進步，但由於該地區的儲蓄與投資量都相當低，人力資本也未得到充分開發。毫無疑問的，經濟和管理領域的大範圍改革勢在必行，但各國進行改革的能力卻存在著相當大的落差。

南非擁有一群在地企業家，基礎設施也相對先進，它的發展將遠比鄰近國家要快，同時也會刺激周邊經濟，推動整個南部非洲的發展。不過，南非的經濟將受到其狹窄的內部市場限制，地理上的疏遠對於國際市場而言也是一個不利因素。此外，該區較高的愛滋病感染率同樣會影響到南非的發展。

除了減少貧困這個問題以外，大部分非洲國家的經濟發展都將依靠南非來吸引外資、培養技術工人、改善基礎設施和運用創新技術的能力。當然，管理方式越失敗，非洲各國就會變得越邊緣化，無法享受到全球化的好處。

不過，隨著初級原料需求的不斷上升，非洲也看到一些經濟成長的希望。在礦業方面，非洲的投資量為全球第三，這在相當程度上有賴於石油和煤炭部門的支撐。南非占該地區礦業總投資量的四八％，新投資者的出現也會推動非洲與世界其他地區的貿易往來。近幾年來，亞洲成為非洲出口的主要目的地之一，占總出口量的二七％，僅次於歐洲的三二％和美國的二九％。對初級原料需求的不斷攀升，也將增加非洲對亞洲，尤其是對中國和印度的出口量。同時，自二〇〇一年以來，亞洲對非洲的出口也以每年一八％的速度成長，投資也呈現多元化趨勢。對傳統礦業的投資以及對當地基礎建設的資助是相互結合的，其中當然有戰略目的。因此，蘇丹、尼日成為中國主要的投資援助對象，中國在工業和科技方面對非洲國家的資助所產生的影響是不容忽視的，尤其是中國還在當地進行培訓計畫。中國的資助可以成為西方國家對非洲經濟、技術、資金、政治等方面投資的替代方案。當然，我們也應該看到，目前中國對非洲的投資相對來說還是較少（二〇〇六年初，來自中國的外商直接投資僅有十一億美元），比起西方國家、印度以及南部非洲的傳統投資者都要來得少。值得注意的是，亞洲不斷增加的投資可能減緩非洲國家的政府改革步伐，對非洲未來的經濟發展造成不良影響。

(2)中東和北非地區

這一地區國家之間的差異相當大，尤其是自然資源匱乏的國家（如埃及、約旦、黎巴嫩、摩洛哥、突尼西亞）、勞動力與資源豐富的國家（如阿爾及利亞、伊朗、伊拉克、葉門、敘利亞）以及海灣合作理事會會員國（自然資源豐富和勞動力輸入國）之間的差距。但總括來說，該地區近幾十年來的經濟成長相當緩慢，其GDP、生產力和投資成長率都遠低於世界平均水準。該地區的主要經濟模式是以勞力密集產業、石油收入以及海外匯款為基礎，這樣的成長方式並不符合當今全球化的要求和挑戰。

根據世界銀行的分析，該地區的經濟發展需要調整：從石油相關產業向非石油相關產業擴展；從主要由國家控制的投資轉向以市場為導向的私人投資；由國家生產進口產品的替代品轉變為生產出口產品。當然，自然資源富足與匱乏國家之間的差別相當大。前者可以充分享受石油價格暴漲帶來的利益，自二〇〇二年以來，石油收入占這些國家GDP總量約四〇％。其中海灣合作理事會會員國已成功將它們的石油收益運用於推動經濟和基礎建設的現代化。不過到目前為止，伊朗、阿爾及利亞等國的經濟多元化還不夠。

面對日益成長的人口壓力，該地區各國應當深化改革、採取相應措施。從人口成長趨勢來看，該地區的勞動力到二〇二〇年時，將增加約一億八千五百萬人。根據最悲觀的估計，同期失業人數將從一千五百萬人增加至五千萬人，其中受影響最大的，是持有中高等學歷的年輕人和婦女。要吸收這部分的勞動力，中東與北非地區的經濟需要保持占GDP三〇%的投資量和年收入六%至七%的成長率（遠遠高於它們目前的水準）。但海灣合作理事會會員國憑藉其自然資源優勢，將能為求職的年輕人（占人口的二五%）提供足夠的工作機會。

該地區將越來越難增加貿易量和吸引外商投資，因為國際市場的競爭日趨激烈，不論是在專業化方面（與歐盟會員國候選名單以及北美自由貿易協定國相比），還是在勞動力方面（與生產力較高、工資水準較低的國家，如孟加拉和印尼相比）。該地區的外商直接投資於二〇〇五年已達九十一億美元，占全球總量的〇．九%（其中三．八%投資在開發中國家），大部分用於能源相關產業。

面對挑戰需要政治改革，也需要社會經濟改革。但在該地區的大部分國家中，要從保護主義經濟轉向符合市場要求的開放型經濟的改革仍然存在相當大的阻力。至於摩洛哥、突尼西亞以及一些海灣合作理事會會員國（尤其是阿拉伯聯合大公國），改革相對來說取得了一些成效。海灣國家對亞洲地區的開放程度越來越高，這十幾年來，它們對亞洲的貿易額成長了三倍。到了二〇二五年，中國從中東進口的石油量將是美國的三倍；中國和印度也將在武器銷售、工業技術轉移等方面成為中東地區重要的合作夥伴。另外，該地區的經濟前景還極有可能受到政治形勢的影響（尤其是以巴衝突、伊拉克以及伊朗問題）。

(3)俄羅斯

在二〇〇三至二〇〇五年，俄羅斯的GDP成長率落在六・四％至七・三％之間，總量有七千六百億美元。目前進行的經濟和財政改革有效地改善了公共事務管理水準，促進經濟的持續成長。根據某些人的預測，未來二十年，俄羅斯的GDP都將保持高成長率，並接近法國的GDP總量。俄羅斯的經濟成長有很大一部分獲益於高價的能源，因為俄羅斯是主要的石油和天然氣出口國。

不過，有三個因素讓我們懷疑俄羅斯是否有能力長期保持高經濟成長率。一、俄羅斯經濟相當依賴能源出口，經濟多元化程度低，國家對能源部門的控制又相當嚴格。二、需要鉅額投資才能維持和發展能源基礎設施，而這些資金不能再用於其他方面的投資，相對也限制外商投資的其他用途。三、未來的投資前景有很強的不可預測性。司法和政府治理的不健全、較高的犯罪率以及嚴重的貪汙受賄都將成為阻礙外部投資和經濟成長的主要因素。二〇〇四年，俄羅斯的投資總量增加至九十四億美元，外商投資總量占GDP的比例也只有其他轉型中國家的五分之一。此外，俄羅斯還是世界上愛滋病感染率最高的國家之一，影響最嚴重的是青少年，之後也將影響到勞動力數量和生產效率的提升。

第三章 能源

近幾年來，能源問題已成為全球大部分國家關注的焦點之一。在能源供不應求、石油和天然氣價格不斷走高的大環境下，資源競爭已越來越具有政治和戰略意義。大規模投資將用於維持和發展現有的能源基礎設施，科技創新也將在可再生能源以及化石能源的利用上發揮重要作用。當然，我們還應清楚地了解到，化石能源並非取之不盡，而我們的經濟成長模式已經接近生態學的極限。

一、總體趨勢

從現在到二〇二五年，全球初級能源的需求量將以每年一．六%的速度成長。到了二〇三〇年，能源需求量將比目前超出五〇％以上。

化石燃料（石油、天然氣和煤）依然是全球初級能源的主要來源，占能源總需求的八一％。石油將仍然是使用最多的能源，煤仍然處於第二位，而天然氣的需求將稍微降低。煤與天然氣的年需求成長速度將非常接近（分別為一・八％和二％）。

核能對後工業化國家的重要性將有所降低，而開發中國家和新崛起的經濟體則有所增強。可再生能源（生物能源除外）的成長速度將遠遠高於其他形式的能源，尤其是在ＯＥＣＤ的成員國中，但其在世界能源中的比例將仍然很小。

開發中國家將占據能源需求成長的三分之二以上，不過區域間的差異也相當明顯：亞洲的需求增加遠遠高於非洲。世界經合組織地區的需求也有所成長，但速度較為緩慢。已開發國家與新崛起的國家對能源進口的依賴將越來越明顯。

基本上，能源雖然仍然能滿足日漸成長的需求，然而投資者卻完全忽略如何對其進行最優化開發。此外，如果能源的供給與需求同時成長，但供給的成長速度卻跟不上需求的膨脹，那麼能源價格將無法避免地持續走高。

1 全球能源需求劇增

根據國際能源總署[11]在二〇〇六年的預測，到二〇三〇年，全球能源需求將成長五三%，相當於達到一百七十億公噸原油，而以化石燃料的需求占絕大部分（八三%）。對石油和天然氣長期價格的評估是相當複雜的，因為影響的因素很多：技術的發展、儲存量大但開發成本高的資源、大型礦藏的貧瘠化程度以及國際環境的不穩定。不過雖然變化較多，國際能源總署仍然做出預期，認為能源價格的變化幅度不會太大：石油將從二〇〇五年的每桶五十．六二美元提高至二〇三〇年的每桶五十五美元，天然氣則將在同一時期從每立方公尺六．五五美元漲至六．九二美元（不同市場價格的平均數）。當然，如果加上通貨膨脹的話，它們的價格可能會再成長一倍。

能源供應成長的相對遲緩和中國快速上升的能源需求，都將對價格產生較大的影響。國際能源總署預測，到二〇三〇年時，中國的經濟每成長一%，就可能帶動全球石油需求

11 國際能源總署（International Energy Agency, IEA）成立於一九七四年，是石油消費國政府間的經濟聯合組織，總部位於巴黎，目前有二十六個會員國。

成長四％、整體能源需求成長六％。因此，石油輸出國的生產能力將成為相當重要的地緣政治因素。另外，雖說技術不斷發展有利於提高能源開發的效率，但從經濟方面來看，替代性能源的開發（如生質燃料等）在二〇二〇年以前仍然難以取代化石燃料。

(1) 石油

到二〇三〇年，全球石油需求量在能源總量中的比例將略有下降（下降至三二．六％），但它仍然是世界上最重要、需求量最大的能源。從二〇〇一年至二〇〇五年，世界石油需求量以每年八．八％的速度成長，光是中國就成長了四六％。而從二〇〇四年至二〇三〇年，全球的消耗量將成長四一％，從每天八億二千五百萬桶增至十一億六千三百萬桶。此成長量的三分之二是源於交通運輸的需求。大多數專家的預估，目前的蘊藏量和新礦藏的發掘可以應付未來十年的石油需求，其中還包括層出不窮的各種新式石油能源（如焦油砂[12]、天然瀝青等）。總之，除去政治因素和可能出現的減產因素外，很多專家都擔憂石

12 焦油砂（oil sand）亦稱油砂，成分包括了黏土、水、瀝青基原油，其含油成分約在兩成左右，主要分布於加拿大，目前所估計的蘊藏量僅次於沙烏地阿拉伯的原油蘊藏量。

油的供應量可能無法趕上需求成長的步伐。新石油礦藏的發現量日益減少，全球大部分的石油生產和蘊藏都只能依靠幾個大型礦源，而且基本上，它們都位於中東地區。裡海的蘊藏量目前還是一個未知數。石油輸出國組織預估，到了二〇一五年，該組織以外的石油生產總量將達到每天五百八十萬至五百九十萬桶，其中大部分來自非洲和拉丁美洲的礦區。

(2)天然氣

二〇三〇年時，全球天然氣消費量將比現在飆升六八%，從二・八兆立方公尺增加至四・七兆立方公尺。而液化天然氣的市場需求將以更快的速度成長，每年約增加一〇%。液化天然氣的出口量將從二〇〇四年的一百五十兆立方公尺增加至二〇三〇年的四百七十兆立方公尺。在全球能源需求總量中，天然氣的比例將從二〇〇四年的二一%上升至二三%。但是需求量的迅速上升和供應過程中基礎設施的落後（無論是水路還是陸路）將為天然氣市場帶來很大的壓力。開發中國家和經濟轉型國家（主要是俄羅斯）對天然氣的需求將快速上升，最終並將超過OECD國家。不過目前在天然氣需求方面，競爭仍然不至於過分激烈，因為上述兩類國家的需求相對而言仍然較低。即使到了二〇三〇年，中國的天然氣需求量仍將只是美國的六分之一、歐盟的五分之一。不過由於俄羅斯需求的提高，以及俄羅斯自身在天然氣生產發展過程中所出現的缺陷，都會影響它對歐洲的出口量。

(3) 煤礦

煤礦的需求量在開發中國家和經濟轉型國家都將迅速上升，即使在已開發國家，也將超過對天然氣的需求。目前全世界有三分之二的煤礦生產都用於發電，煤礦占全世界電力生產能源的四〇％。因此，隨著電力需求的成長，煤礦的需求也將從二〇〇四年的五十五．五八億公噸增加至二〇三〇年的八十八．五八億公噸。煤礦在全球能源需求中的比例將從二四％上升到二〇三〇年的二六％。煤礦也逐漸成為一種經濟型能源，而且在所有國家中，某種程度上都變成天然氣和核能的替代品。雖然煤礦是汙染程度相對較高的能源，但不斷出現的新技術會使得它的運用越來越環保。這樣的環保技術進步相當必要，因為大部分開發中國家（尤其是中國和印度）在發電過程中，各大火力發電廠所釋放出的二氧化碳比西方已開發國家的發電廠多二〇％。二〇〇五年中國的煤礦需求量大幅上升，占全球的三六％，與前一年相比成長了一〇％。因此，儘管有環保技術的進步，但煤礦需求量增加所帶來的環境問題依然會相當嚴重，可能影響到《京都議定書》目標的實現。

(4)核能

核能在全世界能源需求中的比例將從二〇〇四年的六．三%降至二〇三〇年的五%，但預估將在二〇一五年將達到產能的巔峰，核能發電量將從三千零八十億瓦增至四千一百六十億瓦。歐洲的產量將明顯下降（主要是由於能源政策改革的保守），但亞洲的產量會大幅上升。二〇〇五年時，核能滿足全球發電需求的一五%，其中經合組織國家的電力有二二%是由核能供應，但在開發中國家僅有二．一%，中國和印度也是如此。電力的需求量將急速上升，估計到二〇三〇年會增加一〇〇%，這樣的需求會使得汙染較少的核能發電得到快速發展，尤其是在生產設備方面。儘管核能在中國和印度等國的能源需求中占比並不高，但它們仍準備大量投資購買新型核能發電設備（在中國和印度的發電來源中，即使到了二〇三〇年，核能也將分別只占三%和六%。而在韓國和日本卻有三二%）[13]。

13　但二〇一一年三月日本福島核電危機之後，許多國家已經開始檢討核能政策。

俄羅斯也已宣布將全面更新核能生產設備，並希望到了二〇二〇年時，核能發電量的占比可以從一七%提高至二二%。要達到這樣的成長量，核能發電量就必須以每年三十億瓦的速度成長，而且需要近一百個核反應爐投入使用。俄羅斯的這項計劃就算不能全部完成，也可以使它重新成為核能發電方面的重要領導者，尤其是在出口方面。不過整體說來，核能只有在中長期才能成為煤礦的替代品。在煤炭價格漲至每公噸七十美元之前，核能是無法與它競爭的，而根據目前的估計，在未來可預期的時間裡，煤價最多只會達到每公噸六十美元。

由於擔憂天然氣在使用過程中會釋放大量溫室氣體，歐盟委員會希望重啟核能投資計劃。此一提議必須得到各成員國的同意，但各國政策存在著很大的差異，對於歐洲國家來說，選擇發展核能的真正原因除了對環保能源的需求之外，還有更重要的一點，就是降低對外國能源供應的依賴程度。正是出於以上考慮，二〇〇六年，英國政府發布一項報告，建議增加可再生能源方面的投資，並通過重啟核能計劃以提高能源效率。二〇〇七年在華盛頓舉行的G7高峰會也做出了類似的宣言，希望透過可再生能源、煤和核能的新技術發展來解決能源安全和氣候變化所帶來的一系列問題。不過值得注意的是，核能從投入使用到產生效果需要一段較長的時間。比如歐洲目前唯一建立大型核能發電廠的芬蘭，工程要全部完成至少需要十一年（一九九九年至二〇一〇年）[14]。因此，從對環境和電力供應的影響上看，核能所需要的時間是很長的。

大致說來，雖然核能的使用有優點也有缺點，但長期來看，核能是充滿潛力的，尤其是對開發中國家來說。隨著《京都議定書》所規定的標準不斷趨於嚴格，核能發電廠的增加速度將大大增加（有人預測核能發電量可能達到近五千一百九十億瓦）。但同時，防止核武器繁衍條約也將面臨破局的危險，使得一些政治上較不穩定的國家打破過去對核武擴散所達到的協議。

(5)可再生與可持續能源

全球生質能源的需求比例到二〇三〇年將保持在一〇%左右。在開發中國家，乙醇等現代碳氫燃料將逐漸取代以木材燃料和木炭為主的傳統能源，不過傳統能源的消耗量還是

14 事實上，這座新建的核電廠原本預計二〇一〇年發電，但預估未來三年內仍無法商業運轉。

會繼續增加。已開發國家的傳統能源使用量也將有所成長，雖然生質能源將慢慢取代傳統能源。

由於石油廣泛用於陸海空交通運輸，生質燃料的重要性也與日俱增。而且在油價突破每桶六十美元大關時，生質柴油就被認為是更經濟的能源了。對碳氫燃料、交通工具和農業方面的稅收及法規限制將進一步推動生質能源的發展。據預測，生質燃料（乙醇和生質柴油）的產量會在二〇三〇年達到十四億五千八百萬公噸（二〇〇四年僅有一千五百五十萬公噸），而同一時期的石油產量則將達到五十五億七千五百萬公噸。在生質能源方面，巴西、美國、歐盟將是主要的生產國，為數眾多的開發中國家也將在這個新興市場上獲益，已開發國家將很難壟斷此一市場。

水力是可再生能源中最普遍用於發電的能源。對美國和歐盟來說，雖然水力發電幾乎已經達到極限，但對中國來說，水力將是最主要的電力生產能源，地位遠高於核能。拉丁美洲、印度和非洲少部分地區在水力發電上也都擁有很大的潛力。太陽能和風力也將迅速發展（從二〇〇二年到二〇三〇年將成長三六五％），尤其是在已開發國家、新崛起的經濟大國以及貧困國家。不過整體上，到了二〇三〇年，這些可再生能源在世界初級能源中

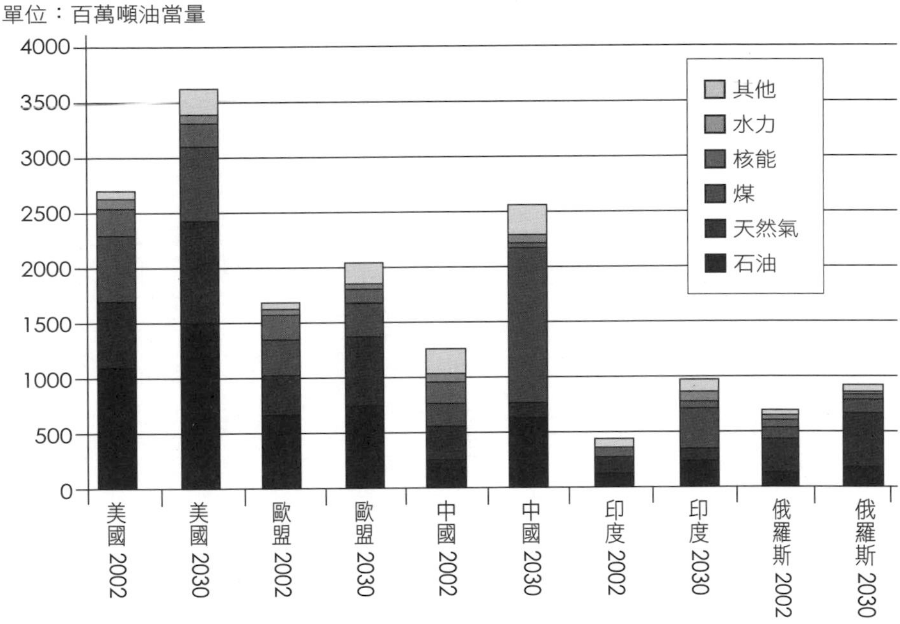

來源：《國際能源展望二〇〇六》（*International Energy Outlook 2006*），美國能源情報署，2006 年 6 月。

圖四　已開發國家與開發中國家對初級能源的需求

的比例仍然只占二%左右。除了生質能源以外，其他的可再生和可持續能源（水力、太陽能、風力等）將占全球所有能源消耗的八%。

2 能源依賴

隨著人口和經濟的成長以及工業化與都市化的進展，開發中國家的能源需求將占全球能源需求三分之二以上。由於亞洲能源需求劇增（主要來自中國和印度），世界的石油和煤炭消耗量可能會成長一倍以上，天然氣需求將是現在的三倍。在OECD國家中，能源需求的成長率並沒有這麼明顯，不過到了二〇三〇年，已開發國家的能源消耗仍將高於開發中國家：已開發國家的石油需求為每天五千五百一十萬桶，開發中國家則為每天五千一百三十萬桶；已開發國家的天然氣需求為一兆九千九百四十億立方公尺，開發中國家則為一兆七千六百三十億立方公尺。核能的情況也是如此，儘管大部分已開發國家的消耗量都將降低，但從總量來看，仍將高於開發中國家：二〇二五年時，已開發國家核能需求為二十億八千三百萬度，開發中國家則為六億七千五百萬度。只有在煤炭的消耗量上，開發中國家是高於已開發國家的，預估在二〇三〇年時，已開發國家的煤炭需求為二十七億三千五百萬公噸，但開發中國家將高達五十六億四千七百萬公噸。

初級能源產量的成長將主要出現在非OECD成員國中（中東、俄羅斯、拉丁美洲、非洲）。美國的石油產量將有所下降，從二〇〇五年的每天五百一十萬桶降至二〇三〇年的每天四百萬桶；天然氣產量則有所增加。歐洲沿岸的石油資源將很快耗盡，而其他的已開發國家和新興經濟強國都是資源匱乏的國家（除了煤以外），不斷成長的能源需求使得這些國家所排放的碳氫化合物激增，也加重這些國家的能源依賴。到二〇二五年，歐洲將有九〇%的石油和八〇%的天然氣需要依賴進口。到了二〇三〇年，此一數字還將分別上升至九四%和八四%。美國的能源依賴度雖然低於歐洲，但二〇二〇年仍有六五%的石油需要進口，到了二〇三〇年更提高到七〇%（二〇〇四年時僅為四七%）。印度在石油方面的進口量將從二〇〇五年的六九%飆升至二〇三〇年的八七%，中國則將從四六%上升到七七%。印度和中國到了二〇三〇年，將分別有四〇%和二七%的天然氣需求進口。

能源分布的不均衡使能源進口國必須細分它們的供應者，而出口國也可以選擇它們的客戶。對於能源進口國來說，能源戰略的成功將取決於其現有的基礎設施，國家之間也將

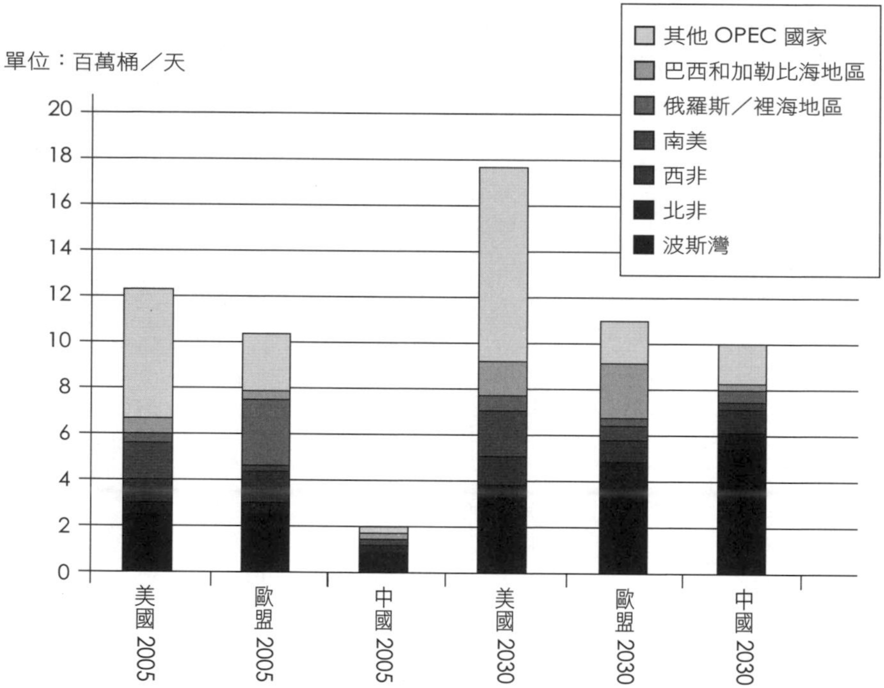

來源：《國際能源展望二〇〇六》（*International Energy Outlook 2006*），美國能源情報署，2006 年 6 月。

圖五　美國、歐盟和中國的石油進口來源

為了保障自身供給而展開激烈的競爭。當然，依賴是互相的，大部分能源生產國的經濟成長和政治穩定在相同程度上都會依賴能源出口，從長期來看，這也有利於能源供給的相對平穩。

3 投資不足

為了滿足日益成長的能源需求，二〇三〇年時，基礎設施方面的投資總量將達到二十兆美元（其中八．二兆美元用於石油和天然氣，八千億美元用於煤，十一兆美元用於發電）。不過我們還很難預測這些投資是否能及時投入，從而避免可能出現的能源不足現象。畢竟從實際數據來看，二〇〇五年實現的投資僅僅比二〇〇〇年成長了五％。現有基礎設施的更新將成為能源投資的主要標的，比例接近五一％。用於水上交通的投資將大幅成長，而該項目對石油的需求將在未來二十五年內成長九三％。為了滿足大量新興市場的需求，用於石油提煉方面的投入也會相當龐大。在天然氣方面，大部分的投資會使用在延長輸氣管，將目前一百一十萬公里的輸氣管繼續增加近一百萬公里，其在水上交通中的使用量也將更高。對液化天然氣的投資會有顯著成長，從而使全球液化天然氣的生產力成長一倍。不過這些目標似乎過於遠大，未來可預見的是投資不足，將極有可能令石油和天然氣越來越缺乏。

此外，新礦藏的發現和開掘一直相當有限，某些專家擔心這將使二〇一五年至二〇二〇年之間發生能源供應不平衡的情形。西伯利亞東部和北部以及加拿大、委內瑞拉和非洲等地區都應增加投資力度。隨著能源需求的不斷增加，在這方面的投資將主要用於最具經濟效益的項目。而自然資源匱乏的開發中國家可能難以吸引外商直接投資，以更新它們的基礎設施。在全世界最貧窮的四十七個國家中，有三十八個是石油的淨進口國，其中更有二十五個國家的石油需求全部依靠進口。由於政治不穩定或國內市場的僵化（甚至兩種因素都有），投資不足極有可能在某些國家造成嚴重的能源供應問題。根據聯合國的預測，能源缺乏將成為開發中國家經濟起飛的主要障礙之一。

能源保護主義有可能造成投資的另一大障礙。根據國際能源總署的統計，世界石油約有五七％只供應給本國企業，而不向外國開放。在沙烏地阿拉伯、科威特和墨西哥，企業壟斷掌控已知石油蘊藏量的三五％。另外，在一些以往崇尚自由的能源市場，如南美市場，也在權力機構的影響下變得越來越封閉。在俄羅斯、委內瑞拉、玻利維亞和厄瓜多，國家介入能源的情況越來越多。在拉丁美洲，能源不僅是一種經濟發展的方式（尤其是對玻利維亞、厄瓜多和阿根廷來說），也是對美國和某些外國企業在國內經濟中壓倒性優勢的還擊（尤其是對委內瑞拉和玻利維亞而言）。以上這些現象將導致部分不容忽視的能源投資流失，從而可能使目前預估的能源生產力大打折扣。同時，新經濟體的出現，如中國企業的崛起，將加劇能源企業之間的競爭，並提高新的石油和天然氣礦產的開發成本。

最後，二〇〇一年以來，關於寡占（Cartel）天然氣市場的建議一直獲得俄羅斯的積極響應，這在相當程度上會對該市場造成負面影響。主要的天然氣生產國——俄羅斯、伊朗、卡達、阿爾及利亞、沙烏地阿拉伯——成立了天然氣出口國論壇（Gas Exporting Countries Forum, GECF）[15]，值得注意的是，這些國家占有全球七〇%的蘊藏量及四二%的產量，並已在寡占過程中獲利。這樣的組織對天然氣價格以及與主要消費國（美國、歐盟以及中國）之間關係的影響還難以評估，一方面是由於生產國之間的利益在合約、投資及工

15 截至二〇一一年十一月為止，天然氣出口國論壇目前共有十二個會員國，共擁有四二%的全球天然氣產量、七〇%的全球天然氣蘊藏量、三八%的天然氣管線，以及八五%的液化天然氣貿易。

具等方面存有較大的差異；另一方面，主要消費國有能力對生產國產生影響。另外，圍繞裡海和黑海進行的輸油和輸氣管工程將破壞俄羅斯天然氣的壟斷地位，並使消費國獲益。不過，在未來的幾十年中，俄羅斯基本上仍然可以保持裡海、中亞直到歐洲一帶的壟斷市場，原因包括：俄羅斯天然氣工業股份公司的傾銷政策、消費國的不團結、現有的大量基礎設施、俄羅斯天然氣公司與其他生產者的長期合作合約以及俄羅斯對中亞和東歐基礎設施的控制。

二、不同地區的情況

1 能源出口大國

(1)中東和石油輸出國組織成員

中東國家將繼續扮演關鍵的能源供給者角色。該地區的石油蘊藏量是全世界最豐富的，而且還可以繼續開採七十年。此外，這些能源都具有品質高和易開發的特點。目前中東地區的石油產量占全世界總產量的二八％，到二〇三〇年，此一比例將上升至三八％，屆時中東和北非（阿爾及利亞和利比亞）的石油產量將增加六一．三％，從每天二百六十八萬桶提高到每天四百三十七萬桶；天然氣產量則將變成目前的三倍，達到九千億立方公尺。不僅如此，中東地區還擁有龐大的天然氣蘊藏量，按目前開採量計算的話，還可以持續使用四十五年。中國和印度約有五〇％的石油需求都將從中東地區得到滿足。如果連接伊朗和巴基斯坦的地下輸氣管工程（這項工程的情況相當複雜）能實現的話，該地區也將成為中印主要的天然氣供應者。液化天然氣技術的普及也便利了亞洲地區對中東天然氣的進口。

沙烏地阿拉伯擁有世界上最豐富的石油蘊藏，並將繼續擔任其最大石油出口國的角色。但根據國際能源總署的報告，沙烏地阿拉伯二〇〇六年的石油生產年增量為七二％，二〇〇七年則降為六三％，因此我們預測該國石油生產增量在二〇〇五至二〇三〇年期間將呈下降趨勢。生產能力的下降可能導致沙烏地阿拉伯石油產量的減少（目前為每天一百二十萬桶），使石油供不應求的的情況加劇，此結果對能源價格的影響不容忽視。應該注意的是，沙烏地阿拉伯的能源出口將逐漸從歐美轉向亞洲。同時，沙烏地阿拉伯還擁有世界第四大的天然氣蘊藏量，達到六兆七千億立方公尺，僅次於俄羅斯的四十八兆立方公尺、伊朗的二十八兆立方公尺，和卡達的二十六兆立方公尺，其產量可能從二〇〇三年的六百億立方公尺增加至二〇三〇年的一千五百五十億立方公尺。

伊拉克也是中東地區石油蘊藏量最大的國家之一。根據國際能源總署預測，伊拉克將是產量成長最快的國家之一，僅次於沙烏地阿拉伯（從目前到二〇三〇年，其產量將成長二三三%）。由於在伊拉克西部發現新的石油礦藏，最近的研究認為，該國的石油蘊藏量極有可能比現在更多。在未來五年內，隨著投資和安全環境的改善，伊拉克的石油產量將迅速提高，達到每天四百萬桶。從長期來看，伊拉克的蘊藏量將對世界經濟產生巨大影響。當然，伊拉克何時能恢復石油的快速生產能力，還要取決於國家正常化的速度，而這一點目前是很難預見的。在理想情況下，伊拉克的天然氣產量也將快速提高，從二〇〇三年的二十億立方公尺提高到二〇三〇年的三百二十億立方公尺。

伊朗是石油蘊藏量很高的國家，二〇三〇年時，石油產量將比現在增加五〇%。目前伊朗石油有一半出口到歐洲，另一半則出口到亞洲（韓國、日本和中國），而天然氣產量

表一 世界石油大國的產量和蘊藏量 *

國家	2005 年產量（百萬桶／天）	2030 年產量（百萬桶／天）	2005 年蘊藏量（十億桶／占世界總蘊藏量比）**
沙烏地阿拉伯	10.6	17.3	264.2 ／ 22%
阿拉伯聯合大公國	3	5.1	97.8 ／ 8.1%
科威特	2.1	4	101.5 ／ 8.5%
伊拉克	1.8	6	115 ／ 9.6%
伊朗	4.2	6.3	137.5 ／ 11.5%
拉丁美洲（OPEC 國家和墨西哥除外）	3.8	5.9	103.5 ／ 8.6%
墨西哥	3.3	3	13.7 ／ 1.1%
委內瑞拉（OPEC）	2.1	3.9	79.7 ／ 6.6%
俄羅斯	9.2	11.1	74.4 ／ 6.2%
亞洲	6.8	5.8	40.2 ／ 3.4%
非洲	9.6	12.2	114.3 ／ 9.5%
美國	5.1	4	29.3 ／ 2.4%
加拿大	1.4	0.8（焦油產量 370 萬桶／天）***	16.5 ／ 1.4%
歐洲經合組織	4.8	1.5	16.2 ／ 1.3%

來源：
* 國際能源總署（IEA），《世界能源展望》，2006。
** 英國石油公司（BP），2006。
*** 《美國能源展望》，2007。

也將持續上升，從二〇〇三年的七百八十億立方公尺增加到二〇三〇年的二千四百億立方公尺，這主要有賴於南帕爾斯（South Pars）天然氣田的開發。隨著計劃中或研究中的新輸氣管開通以及液化天然氣的普及，伊朗的天然氣將可以大量出口到歐洲和亞洲。

海灣地區的其他國家儘管面積很小，但都擁有可觀的能源蘊藏量。科威特和阿拉伯聯合大公國的石油產量在未來很有可能增加一倍，分別達到每天四百九十萬桶和五百二十萬桶，它們的石油出口地區主要是亞太地區和日本。阿拉伯聯合大公國同時也是重要的天然氣生產國，二〇〇四年的產量為四百四十億立方公尺，已確認的蘊藏量有六・七兆立方公尺，幾乎與沙烏地阿拉伯相當。卡達天然氣的蘊藏量為世界第三大，有二十六兆立方公尺，其產量也將飛速成長，從二〇〇四年的四百一十億立方公尺提高到二〇三〇年的二千五百五十億立方公尺（即中東地區天然氣總產量的三〇％）。

在石油輸出國組織（OPEC）的非中東地區成員國中，委內瑞拉將繼續保持能源產量第一的龍頭位置，緊隨其後的是尼日、利比亞和阿爾及利亞。不過這些國家目前的政治變革將會限制國內外的投資，進而影響能源的產量。雖然委內瑞拉政府與外國石油公司的關係一直比較緊張，但在二〇〇五年仍然成為拉美地區最具國際投資吸引力的國家。根據委內瑞拉國家石油公司的預計，如果能夠確立有利的投資環境，從現在到二〇一〇年，委內瑞拉的石油產量將從每天三百萬桶提高到每天五百萬桶。不過國際組織的預測則要保守很多，國際能源機構認為即使到二〇三〇年，該國的產量也只能達到每天四百三十萬桶。

尼日的石油產量將增加一倍，在二〇二〇年達到每天四百萬桶。美國對尼日的石油資源表現出相當大的興趣，這一方面是由於其石油本身的品質，另一方面是由於雙方海上交通非常暢通，沒有障礙。於二〇〇七年一月加入OPEC的安哥拉也是中國和美國重要的石油供應國。如果不考慮未來可能新發現的蘊藏量，到了二〇二〇年，安哥拉的石油產量可能會達到每天三百二十萬桶的高峰。利比亞的產量將於二〇一五年達到每天三百萬桶，並因此發展成為重要的石油出口國。阿爾及利亞的石油產量在接近二〇二〇年時將有所衰退，但目前已是所有OPEC國家中最高的天然氣產量（二〇〇三年時為八百八十億立方公尺）。歐洲是阿爾及利亞主要的出口地，液化天然氣和新建成的第三條通往歐洲的輸氣管將使出口量快速提高（到了二〇三〇年更會提高到一千四百四十億立方公尺），其天然氣蘊藏量可達四兆六千億立方公尺。

(2)石油輸出國組織以外的國家

■ 俄羅斯和裡海地區

二〇一五年以前，OPEC 以外的能源生產國也將繼續增加它們的產量，尤以俄羅斯以及裡海地區為最。俄羅斯擁有全世界約六％的石油蘊藏量，主要集中在東西伯利亞地區（蘊藏量將可以維持十九年，而可收回重新利用的蘊藏量將可以再支撐二至三倍的時間）。俄羅斯的石油產量將成長二二％，從二〇〇三年的每天八百五十萬桶增加至二〇三〇年的每天一千一百萬桶以上。但這樣的成長速度也許很難長期維持，這主要是由於俄羅斯的基礎設施和投資短缺。此外，根據一些官方數據，俄羅斯將很快迎來石油產量的巔峰。到了二〇二五年，東北亞將是俄羅斯石油的主要出口地區之一。

俄羅斯同時也是世界上最大的天然氣出口國，其蘊藏量估計已達到四十八兆立方公尺。到二〇三〇年，俄羅斯的天然氣產量將增加一倍（二〇〇三年為六千零八十億立方公尺），其出口地區也非常廣泛，從歐洲到亞洲都有所涉及。如果投資不足，其天然氣供應量將很難成長。目前俄羅斯的四大天然氣田中有三個的產量都以每年二百億立方公尺的速度下降，而另一座最近開發的天然氣田也達到生產最高峰，即每年一千億立方公尺。

此外，由於對新區域的開發耗去了大部分投資（二〇三〇年前，每年將有一百七十億美元），俄羅斯天然氣公司只好求助於外部基礎設施，而無法增加對改善本國設施方面的投資。根據估計，俄羅斯的能源產業（包括核能、熱能、電能、煤礦、天然氣和石油等能源基礎設施的開發、發展和維護）在二〇〇三年至二〇二〇年之間將需要七千一百五十億歐元的投資。但是否能夠得到這麼大筆資金的投入，主要取決於俄羅斯經濟的開放程度、政府的信用以及國外投資者對俄羅斯政治經濟穩定程度的判斷。

裡海地區有相當大的能源潛力。目前該地區的石油蘊藏量估計在一百七十億至四百四十億桶之間，其中有超過一半的蘊藏位於哈薩克。天然氣蘊藏量約為六兆四千億立方公尺，主要分布在土庫曼和哈薩克，但大部分能源尚未開採，未探明蘊藏量相對較大。此外，新的輸油管道將有助於打開亞塞拜然和哈薩克的石油市場，但該地區的石油生產力將受到基礎設施的現代化程度以及在能源開發上投資額度的影響。不過亞塞拜然的石油產量將很快就會達到極限，到二〇三〇年時，預計只能達到每天一百萬桶，但哈薩克從二〇一五年開始就可達到每天三百五十萬桶。

■ 撒哈拉以南的非洲

某些非洲國家的生產力將大幅提高。非OPEC國家的石油產量將在二〇二五年達到每天四百三十萬桶，其中大部分依靠西非提供。非洲已知的石油蘊藏量已達到一千一百四十億桶（約占全球總蘊藏量的一〇%），但如果將阿爾及利亞和利比亞排除在外的話，蘊藏量將降至六百三十億桶。中國的石油進口量中，有二八%來自非洲，美國也有一八%。由於美國的需求量時有變化，尤其是與中東地區的關係不穩定，因此非洲對美出口將在二〇一五年提高至美國進口量的二五%。

非洲石油的生產總量（包括OPEC組織內的非洲國家）可以滿足自身的需求（到二〇三〇年約為每天五百萬桶），但洲際交通運輸設施條件的惡劣，以及外部需求的壓力將影響其發展，因此能源輸出問題仍將是非洲面臨的重大難關。此外，石油價格的上漲將對非生產國產生負面影響。

■ 加拿大和巴西

加拿大和巴西將成為重要的能源生產國。到二〇三〇年，巴西的產量將達到每天四百六十萬桶，主要用於滿足其內部需求。而石油價格的不斷上漲也促使加拿大不斷開發瀝青砂，到二〇三〇年，產量將達到每天三百七十萬桶至四百八十萬桶。

2 能源進口大國

(1) 歐盟

二〇三〇年以前，歐盟的能源需求將以約一五%的速度持續成長，但較之以前已有所減緩，並且低於美國。對能源進口的依賴程度也有所上升，從目前的五〇%提高到二〇三〇年的七〇%。到了二〇二五年，歐盟將有九〇%的石油和八〇%的天然氣必須仰賴進口。OPEC國家，尤其是沙烏地阿拉伯、伊朗、伊拉克和阿爾及利亞，將滿足歐盟近一半的石油需求（目前為四五%），其餘則來自俄羅斯和挪威。天然氣主要從俄羅斯進口（占六〇%），其次是阿爾及利亞和挪威。液化天然氣的大量使用將使天然氣的進口國更為多元，卡達和埃及等國也將成為重要的能源供應者。

能源價格的飛漲改變了歐盟未來的能源消費計劃，因此，石油消費量占能源消費總量的比例將在二〇三〇年下降至三三．八％（二〇〇〇年為三八．四％）。另一個明顯的變化是，天然氣和煤的消耗比例將在二〇二〇年至二〇三〇年間發生轉變，天然氣消費量下降，煤消費量上升。主要依靠煤來生產電力的歐洲國家，如德國、匈牙利、義大利、荷蘭和西班牙等，將加強在相關領域的投資。德國未來的發電量中，將有三分之二依賴煤來產生。據歐盟委員會預測，天然氣在二〇二〇年達到消耗量極限後將有所減退，從二〇二〇年的二八．一％降至二〇三〇年的二七．三％，而煤的消耗量則將繼續上升，從一三．八％上升至一五．五％。不過歐盟仍將是世界第二大天然氣消費國，基本上與美國相同，但遠高於中國和印度。可再生能源的消耗量將於二〇二〇年達到二〇％（二〇〇〇年為五．八％），生質能源產量將達到一．四二億公噸石油當量。在核能方面，根據目前的預估，使用量將有所減少，從二〇〇〇年的一四．四％降到二〇三〇年的一一．一％。

二〇〇四年，歐盟的電力生產主要依靠核能（三一％）和煤（二九％），天然氣、可再生能源和石油的角色相對次要，分別占了一九％、一五％和四％。到了二〇三〇年，歐洲發電量將成長五一％，天然氣將在其中發揮最主要的作用，其在電力生產中的消耗量將成長一倍。由於擔心過分依賴進口，許多會員國也有可能繼續重視煤礦，不過，由於對二氧化碳的控制越來越嚴格，減碳的技術成本又相當高，因此對天然氣的需求仍無法減少。到二〇三〇年，用於電力生產的可再生能源占比將超過二八%。另外，儘管對某些國家以及歐盟委員會來說，核能可以帶來很大的經濟利益，但用於發電的比例仍將下降至一九%。要滿足未來的能源需求，歐盟須再投入六千二百五十億歐元，其中一半用於更換現有的基礎設施，一半用於發展可再生能源。歐盟也將努力提高能源的利用率，以期到二〇二〇年能夠節省二〇%的能源消耗。

在化石能源方面，依賴和安全是能源戰略的首要問題。歐盟希望加強對能源環境的控制，並藉由建立歐洲統一的能源政策來保障「價格合理的安全能源」，整合整個歐洲的能源市場，以提高身為消費者的力量。歐盟還建議「透過擴張能源市場範圍，在貿易、過境和環境等方面建立共同規則」來穩定市場。同時，歐盟也希望與能源生產國建立雙邊關係，尤其是與俄羅斯、阿爾及利亞、挪威、能源過境國（土耳其和烏克蘭），以及能源消費大國（美國、日本、中國和印度）有密切的連繫。能源安全也將寫入未來歐盟改革條約的條款中。

(2) 美國

美國是ＯＥＣＤ國家中能源消耗量成長最快的國家（二〇〇五至二〇三〇年成長三一%），與二〇〇五年每天二千零七十五萬桶的產量相比，石油消費量將成長三〇%；與二〇〇二年六兆二千二百四十億立方公尺的產量相比，天然氣的消耗量將增加一九%。與所有成熟的經濟體一樣，美國必須增加能源進口量。美國將有三二%的能源需要依靠進口，其中的六六%為石油（二〇〇四年為四七%），約二〇%為天然氣（目前僅為四%）。另外，由於墨西哥和加拿大天然氣的產量減少，美國在液化天然氣方面的需求將大幅提升，並因此推動市場的蓬勃發展，進口量將是目前的七．五倍（二〇三〇年時，液化天然氣將滿足美國一六%的能源需求，需求量將高達每年一千二百七十四億立方公尺）。

美國本身擁有大量石油和天然氣蘊藏（分別為二百一十三億桶和一兆七千萬立方公尺），使得美國和其他能源進口大國相比有極大的戰略優勢。不過美國石油產量將從二〇〇五年的每天五百九十萬桶降至二〇三〇年的每天五百四十萬桶，而天然氣產量也將在二〇二二年達到高峰（五千九百七十億立方公尺），之後便開始下降，於二〇三〇年下降至五千八百三十億立方公尺。另外，煤產量將以每年一．六%的速度上升，但不久之後，美國將成為煤的淨進口國。

儘管整體說來，能源依賴程度有所提高，但由於長期以來實行的能源多樣化政策，美國並未對某個地區產生過多的依賴，尤其是對中東地區；就目前來看，石油有三三%自拉丁美洲進口、二三%來自中東、一六%來自加拿大。美國前總統小布希曾宣布，美國將進一步減少從中東進口石油。從目前到二〇二五年，美國自中東進口的石油將減少七五%以上。要達到此一目標，美國將大力發展可再生能源（根據目前的預測，可再生能源將在二〇二五年占能源總量的一四%，而核能則將只占九%至一〇%）；生質燃料的生產也將得到足夠的重視（到二〇一七年，其產量將達到一千三百二十五億公升，是目前能源消耗量的二〇%），汽車的能源消耗量將減少二〇%。同時美國還計劃進一步讓能源供應國更加多樣化：提高自非洲和拉丁美洲國家的進口量。到了二〇二五年，從非洲進口的石油將占美國進口石油總量的二五%。尼日石油有一〇%出口到美國，它同時還將成為美國重要的液化天然氣供應國。當然，美國對非洲石油的需求越來越大，美國石油企業與已經在非洲扎根的國際企業也將因此展開激烈競爭，如位在尼日、剛果、安哥拉等國的英國石油公司（BP）和道達爾公司（TOTAL）。同時，這些企業還必須與已經在蘇丹和安哥拉建立據點，並快速向非洲其他地區擴張的中國能源公司競爭。

(3) 中國

中國的能源需求目前已占全球總需求的一二％，並將在未來幾十年中高速成長。從二〇〇五年到二〇三〇年，中國的石油需求將成長一三五％（從每天六百五十萬桶提高到每天一千五百三十萬桶），天然氣需求將成長二六〇％（從二〇〇四年的四百七十億立方公尺提高到一千六百九十億立方公尺），煤的需求量將成長一〇五％（從二〇〇四年的十八億一千八百萬公噸提高到三十八億六千七百萬公噸）。中國的煤礦蘊藏量可以滿足自身需求，石油和天然氣則需要進口。由於目前進口的石油中有五〇％都來自中東和非洲地區，中國希望降低對這些地區的能源依賴，並將進口國家和地區擴展到伊朗、蘇丹、裡海地區和澳洲。另外，雖然中國和俄羅斯在天然氣價格方面尚未達成共識，並因此延後輸氣管的鋪設，但俄羅斯仍有可能成為中國主要的天然氣供應國。除此之外，中國還參與巴基斯坦和緬甸的港口建設，完工之後將成為中國新的能源運輸路線，並使中國的海上影響力延伸到印度洋。

為了保持目前的經濟成長率，中國的電力供給也必須提高，從二〇〇二年的三千六百億瓦增至一兆二千二百億瓦。火力發電將是電力生產的最主要來源（到二〇三〇年將達到七千七百六十億瓦），其次是天然氣發電（一千一百一十億瓦），其餘的三千三百三十億瓦則將由水力（二千二百億瓦至二千四百億瓦）、可再生能源（三百八十億瓦）和核能（三百五十億瓦）供應。但也有一些專家認為上述預測並不實際（尤其是在水力和可再生能源方面）。要在二〇三〇年之前完成發電量一兆二千二百億瓦的目標，光是在發電設備發面，中國就必須投入三兆美元，這個數字將占全球能源投資的一五％。在水力發電的需求意味著中國每兩年就要建造一座與三峽大壩同等規模的水力發電站。不過能源總量的下降和發電能力的局限將有可能減緩中國經濟的發展。整體說來，需求的快速成長將導致能源價格不斷上漲，而中國也將改變能源進口國的實力對比——對中亞、非洲、中東地區的能源投資將大大影響美國、歐盟國家與俄羅斯在這些地區的地位。

(4) 印度

從二〇〇六年至二〇二五年，印度的能源需求將增加一〇九％。與二〇〇四年的能源需求相比，在未來的二十五年內，印度的石油消耗量將增加一〇七%，天然氣消耗量將上升一九〇%，煤的消耗量也將上升一三一%。基本上，印度的煤礦需求可以依靠國內生產來滿足（全球煤蘊藏量的一〇%都在印度）。到了二〇三〇年，煤礦仍將支撐印度六四%的發電量（目前的比例為六八%），而核能成長速度將提高許多（一六四%），其生產能力將在二〇二五年達到一兆三千六百四十億度。在目前十五組核反應爐的基礎上，還將增建八組，以保證上述電力生產量。尚有很大開發潛力的水力發電（印度目前擁有三百三十億瓦的發電能力，僅為預估量的五分之一）將得到快速發展，以達到二〇三〇年的生產目標。不過據估計，即使水力發電完全開發，到了二〇三〇年，水力發電也只能占總發電量的一六%至一九%。因此，為了加強生產能力，印度將努力與鄰國簽訂合作協議，尤其是尼泊爾。

印度在能源基礎設施方面的投資有其必要性。二〇三〇年時，印度對電力的需求將增加四倍，這意味著生產能力也要有相應的成長。根據印度的統計數據，電力生產將從二〇〇五年的一千二百四十億瓦提高到二〇三〇年的七千七百八十億至九千六百二十億瓦。由於能源投資大部分來自國外，因此印度吸引外國（私人）投資者的能力將非常重要。

整體看來，印度未來對國外能源供給的依賴程度將大幅提高。在印度的能源總需求中，石油將占三分之一。八〇年代，印度國內生產的石油可滿足一半的消耗量，但十年後則只能滿足一〇%，這也可以解釋為什麼印度對中亞和伊朗的外交政策越來越活躍。印度進口的石油有六二%來自沙烏地阿拉伯、科威特、伊朗和尼日四個國家。新天然氣田的發現可望在將來滿足印度一半的需求。此外，印度希望透過國家政策鼓勵液化天然氣的發展，這樣可以滿足二七%的需求。在液化天然氣方面，印度最大的進口地區是中東（尤其是卡達、阿曼和葉門）、澳洲和馬來西亞。另外，印度還在二〇〇五年和伊朗簽署大規模的天然氣進口協議，約定二〇〇七年開始，伊朗將連續二十五年供應液化天然氣給印度，此一協定獨立於印度—巴基斯坦—伊朗的輸氣管計劃之外（這也是美國相當反對的一項計劃）。另外還有一部分天然氣進口來自緬甸，印度企業在該國投資相當金額的礦藏發掘計劃；孟加拉也可能是印度的天然氣供給國，該國天然氣已知蘊藏量為十四兆立方公尺。同時，印度還將在自己的領土上發掘新的煤和石油礦藏，並鼓勵西方企業投資，這些投資的絕大部分將用於提高現有石油蘊藏量的重新利用率和增加火力發電站的經濟效益。

除了與各個有潛力的能源供應國簽訂協議之外，印度還在不同層面制定國家能源戰略。首先，印度計劃增加核能發電的使用率，以期在二〇五〇年時，能夠供應全國電力生產的二〇％至二五％。但據估計，到二〇三〇年，核能只能滿足印度九％的發電量。由於鈾礦的匱乏，印度要不就在國際市場上購買鈾（印度本國現有的資源只能供應十個加壓重水核反應爐）；要不就是進行核燃料的更新換代和後處理，並在中期選擇用釷做為新能源（印度的釷蘊藏量有二十二．五萬公噸）。

其次，為了減少化石燃料的進口，印度將採取一些替代方案：大規模發展生物能源，像巴西那樣增加對生物燃料的投資。到了二〇三〇年，可再生能源和水力將生產出相當於九百億瓦的電量。不過，不管印度如何發展可再生能源以及核能，對化石能源的需求仍然相當龐大。

第四章 環境

目前的工業發展對環境所產生的負面影響已經得到廣泛的認知。根據政府間氣候變化專門委員會（Intergovernmental Panel on Climate Change, IPCC）的分析，從工業革命開始，人類活動的確造成氣候暖化。其中化石燃料的使用、土地資源的開發（農業、森林開墾等等）以及天然氣燃燒造成的溫室效應是主要因素。化石能源的燃燒占溫室氣體排放量的六五％，農業和森林開墾則占三二％。而且有效控制環境惡化與溫室氣體排放的可行方案還遲遲無法實現。在最樂觀的情況下，已開發國家將透過經濟誘因與科技創新等方式，逐步建立減緩對環境衝擊的方式；但在已開發國家汙染程度降低的同時，新經濟強國的汙染（特別是亞洲國家）會持續加劇，環境惡化問題將蔓延到全球各個角落。不過生態系統的複雜性和影響環境因素的多樣性會使得環境方面的預測非常困難。氣候變化與環境汙染之間的關係正是難以預估的因素之一。

一、總體趨勢

受當前發展模式影響，氣候暖化仍然是一個不可扭轉的趨勢，它的速度可能有所減緩，但在可預見的時間內將很難中止。即使樂觀估計溫室氣體的排放量始終保持在二〇〇〇年的水準，全球平均氣溫仍將每十年上升〇．一℃。也就是說，如果溫室氣體排放再得不到有效控制的話，將使得氣候暖化現象更加雪上加霜。

從現在到二〇二五年，氣溫將上升〇．四至一．二℃。根據ＩＰＣＣ預計，氣溫的上升將導致區域降雨量的改變。在某些地區，平均高溫將有更明顯的上升。值得注意的是，不管ＩＰＣＣ做出何種預測，二〇〇七年至二〇三〇年間，氣溫持續上升的趨勢將始終不變。

在亞洲和非洲的一些乾旱或半乾旱地區，氣候暖化現象更為明顯。在這些地區中，環境已經遭到了極大破壞，汙染情況也相當嚴重。此外，北極也是極易受到破壞的地區。

從短期和中期來看，對環境破壞最直接的因素將是工業化和都市化。這兩種進程將加重汙染程度，並對水資源以及食品安全造成越來越嚴重的威脅，尤其是對開發中國家而言。

1　控制溫室氣體排放

控制由人類活動造成的溫室氣體排放量是世界經濟發展的重大挑戰之一。在工業革命之前，二氧化碳在大氣中的濃度僅有二八〇ppm[16]，但目前的二氧化碳濃度已有四三〇ppm。根據國際能源機構的預測，由於能源消耗量的成長，在二〇三〇年之前，二氧化碳排放量將以每年一．六%的速度遞增。已開發國家的排放量將從一百二十七億公噸增加至二〇三〇年的一百五十三億公噸。而到了二〇三〇年，開發中國家的天然氣排放量將超過已開發國家，達到一百八十一億公噸。

當然，環境控制措施並非完全沒有效果。因人類活動造成的甲烷和氮氣濃度在近幾年內已經變得比較穩定。臭氧層的破壞程度也在《蒙特婁議定書》[17]的要求下得到控制，與一九九〇年相比，已下降了八〇%。身為溫室氣體排放量最大的國家，美國將逐步實行嚴

16　百萬分之一。

17　全名為《蒙特婁破壞臭氧層物質管制議定書》（*Montreal Protocol on Substances that Depletethe Ozone Layer*），是聯合國為了避免氟氯碳化物對地球臭氧層所造成的損害繼續惡化，在一九八七年九月十六日於加拿大蒙特婁所簽署的環境保護公約，並於一九八九年一月一日生效。

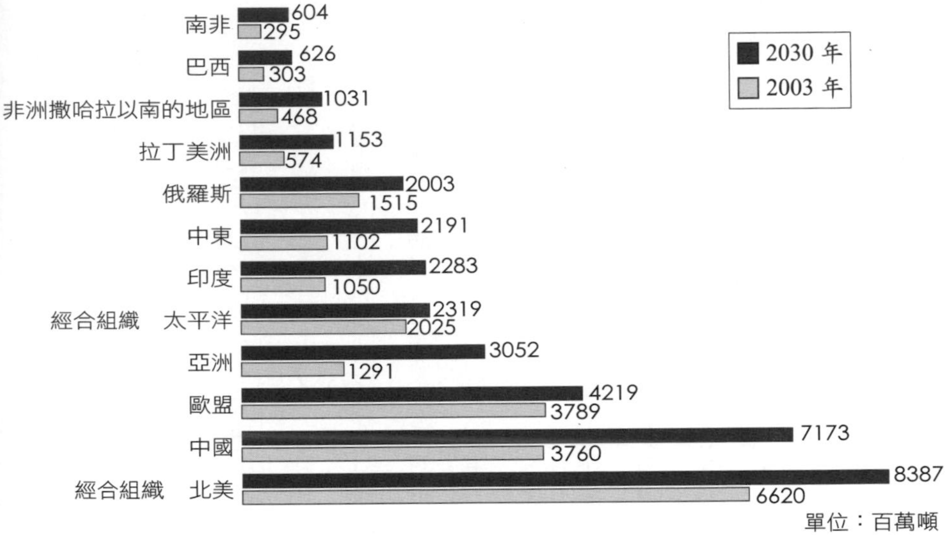

來源：《世界能源展望二〇〇五》（*World Energy Outlook, 2005*），國際能源總署（International Energy Agency）。

圖六　與能源相關的二氧化碳排放量

格的環境政策；中國和印度等新經濟強國也將盡力提高工業生產的能源效率，並增加可再生能源的投資力度。根據IPCC預測，雖然目前的環境政策不足以控制氣體排放，但透過限制能源消耗量和提高碳排放稅率等方式，都可以使排放量在二〇三〇年之前保持目前的水準。另外，IPCC也預估，到了二〇三〇年，有關環境政策的資金運用將占全球GDP的三%。

另一方面，《京都議定書》[18]並沒有解決溫室氣體的問題，這主要是由於簽約國中的開發中國家並不受相關條款的限制，但在二〇一〇年之後，這些國家溫室氣體的排放量已和已開發國家相去不遠。歐洲國家雖然贊成這些條款，但仍無法真正完全遵從。另外，由於全球工業經濟體增加對煤礦的利用，人們開始越來越懷疑《京都議定書》的要求是否能實現。

毫無疑問的，要控制全球氣候暖化，還需要採取更多的措施。據最悲觀的估計，到二

18 根據IPCC在一九九六年的預估，認為若要在二十一世紀結束之前讓全球二氧化碳濃度穩定在工業革命前的兩倍（五五〇ppm），則目前全球排放量必須削減一半。一九九七年十二月於日本京都簽訂具法律約束力的《京都議定書》，規範三十八個國家及歐盟，必須控制人為排放之溫室氣體。

一〇〇年，大氣中的溫室氣體濃度將達到約一二〇〇ppm。要想真正改善氣候暖化現象，溫室氣體的濃度必須降低到預測數字的三分之一。提高能源利用率是減少氣體排放的先決條件，而已開發國家和開發中國家都應盡快在化石能源、核能和可再生能源之間做出選擇。在交通運輸方面也應該採取相應措施，如：透過法規限制交通工具的數量、加速科技創新等。不過有些因素是很難控制的，如人口數量的上升和生活水準的提高，這些都會增加排放量。碳的獲取與儲存將解決化石能源燃燒所帶來的氣體排放問題。將大氣中的二氧化碳予以回收或掩埋至地層及海洋中還是一項研發中的技術。而且，目前此一技術的成本仍然很高，因為在回收的過程中，同時也需要消耗相當高的額外能源。

2 全球暖化的直接後果

不管採取多少措施，從長期來看，氣溫上升無可避免。在乾旱和半乾旱地區（中東、北非、南非、中國西北以及中亞），氣溫上升和降水減少將嚴重影響河流、植被和土壤，並加速乾旱和沙漠化，對農業和水資源的影響短期內就能顯現出來。在溫帶地區（如西歐、美國東部）和熱帶地區，氣溫和降雨將同時提高，並由此造成洪澇災害頻率上升，熱浪也將加劇。熱帶地區還將遭遇更多的颶風威脅。

關於溫度上升的具體數值尚無定論。根據IPCC預估，與一八五〇年相比，二〇三〇年時，氣溫將上升一・二℃。而二〇〇六年由英國政府所發布的《史登報告》（*Stern review*）[19]則要嚴重得多，根據這份報告，與一八五〇年相比，「二〇三五年時，溫室氣體排放量將達到五五〇**ppm**，屆時將有七七%至九九%的可能性，使全球平均氣溫上升二℃」。報告還強調：「大部分氣候模式都顯示，排放出比工業時代前高出一倍的溫室氣體，就極有可能使全球平均氣溫於二〇三〇至二〇六〇年間上升二℃至五℃。」另外，這兩份報告都分別有更嚴重的預期。《史登報告》認為，「如果不採取任何行動的話，到本世紀末，溫室氣體排放量將是現在的三倍，未來幾十年內的全球氣溫將有五〇%的機率上升超過五℃。」而IPCC的分析也指出，氣溫上升五℃會使得全球海平面上升七公尺。

19 全名《史登報告：氣候變遷對於經濟的影響》（*The Stern review on the economics of climate change*），這份報告由當時的英國財務大臣布朗（Gordon Brown）委託曾任世界銀行首席經濟學者的史登爵士（Sir Nicholas Stern）撰寫。這份報告提出警告：若是忽視氣候變遷的影響，全球的GDP將在本世紀末減約二〇%，而為了避免此一風險，每年應付出全球GDP的二%，立刻採取行動以減緩氣候變遷。

兩極冰河融化明確地反映氣候暖化現象。根據二〇〇四年發布的一份報告顯示，極地溫度在未來幾十年的上升速度將是其他地區的兩倍。自一九七八年以來，冰河覆蓋面積以每十年八％的速度減少。也有人認為，二十一世紀下半葉，極地冰帽將可能徹底消失。北極以及其他冰河地帶（尤其是格陵蘭島）的氣候暖化將帶來極為嚴重的後果，如生物種類的顯著改變、海平面上升以及大西洋地區氣候的巨大變化。因冰河融化而造成的北大西洋海水淡化，將降低寒流與暖流的交換速度，並減弱洋流的影響。根據最近的研究顯示，洋流的影響自二十世紀中期以來已降低了三〇％。ＩＰＣＣ預測，到了二一〇〇年，大西洋的寒暖流交換速度將降低約二五％。當然，此一現象可能造成的後果還有待研究，不過洋流影響力的改變則可能使美國和西歐的氣候變冷。至於這些結果何時、將有多大的發生機率還不得而知。

二〇〇七至二〇二五年期間，海平面上升速度將得到控制。自九〇年代以來，全球海平面以每年〇．三毫米的速度上升，這主要是由海洋吸熱（海洋吸收了八〇％的熱量，並影響海平面三千公尺以下的區域）和冰河融化引起的。同時，海平面上升還可能造成沿海地區和含水層的鹽化，這將嚴重影響人口密集地區的農產量，尤其是沖積三角洲地區（如尼羅河和尼日三角洲地區）。

如果說氣候暖化將從長期影響環境的話，工業化、農業過度開發、都市化和人口成長則會在中短期產生作用。環境惡化對開發中國家的負面影響更為嚴重。總之，窮人將是環境惡化的最大受害者，無論在城市還是鄉村。

3 水資源匱乏

由於人口和農業的快速成長，開發中國家的淡水消耗量將飛速成長。目前全世界有超過十億人無法獲得足夠的飲用水，而土壤汙染和沙漠化將使可利用的資源進一步減少。淡水資源的匱乏在乾旱和半乾旱地區表現得更為明顯，到了二〇三〇年，這些地區約有九〇%的可用資源用於農業。根據聯合國的預測，「到了二〇二五年，將有超過二十八億人生活在水資源匱乏的國家或地區」，水資源將以平均每年每人一千七百立方公尺的速度減少。而在北非和中東一些人口密集的國家，水資源甚至無法達到平均水準的一半。當然，改善資源管理模式和分配方法將有助於減少浪費，尤其是在開發中國家。

4 森林砍伐及其後果

由於農業用地擴張、木材消耗增加，熱帶雨林的面積正在迅速減少，並同時也加劇溫室氣體的排放和土壤侵蝕。其中，因森林砍伐所造成的二氧化碳排放占了總量的一八％。九〇年代，全球的森林面積共十九億五千萬公頃，但每年都以一千五百二十萬公頃的速度消失，而在近十年內，大約八％的森林消失。森林具有吸收二氧化碳與淨化空氣的作用，但森林不斷遭到破壞，反而將加劇溫室氣體的排放。

非洲、亞洲及南美洲的森林共儲存二千一百六十億公噸的碳，但是在八〇年代，熱帶森林每年都會因為遭到砍伐而釋放出二十億至二十四億公噸的二氧化碳。近二十年來對森林的相關研究在一定程度上減弱了森林減少所帶來的危害，但並未從根本上改變森林消失的速度。為了讓熱帶森林重新發揮吸收二氧化碳的作用，必須進行必要的政策改革。到了二〇五〇年，隨著受破壞森林的逐步恢復以及對森林資源的管理得到改善，預計將減少一百一十五億至二百八十七億公噸的二氧化碳排放，但經濟和人口的壓力將成為不安定的因素。此外，根據某些預測，氣候暖化可能導致北部森林的大面積減少（可能達到三六％），後果是相當嚴重的，因為該地區的森林是全球主要的碳儲藏地（植被中存有七百四十億公噸，地下則存有二千四百九十億公噸）。

5 城市汙染加劇

隨著工業化和都市化進程的加快，汙染也會繼續加劇。工業汙染對人類健康的影響已是眾人皆知，例如環境受到破壞後所造成的傳染病、生物突變等等，在開發中國家的城市中心地區所造成的人為汙染也越來越嚴重。在都市，下水道和排水系統的水汙染是傳染病（如霍亂、痢疾等）的主要來源之一。此一現象已經成為嚴重的致命因素，而且在未來還有繼續惡化的可能。有專家預計，未來每年將有近五百萬人死於水汙染造成的疾病。到了二〇三〇年，因木材或煤炭等燃燒所引起的呼吸道疾病將影響到約三十七億人的健康，尤其是在開發中國家的城市中心地區。

二、不同地區的情況

1 歐洲

儘管工業化和都市化的程度相當高（到了二〇三〇年，歐洲將有七六％的人口是城市居民），但至少在二〇二五年前，歐洲還不會受到環境惡化的嚴重影響。對健康的威脅主要將來自大氣汙染，大部分是由工業化和交通引起。歐洲的氣溫將以每十年〇．一℃至〇．四℃的速度上升，地中海和北歐國家（斯堪地納維亞和俄羅斯西部）是最容易受到環境惡化影響的地區。南歐的降水量將有所減少（每十年減少一％，到夏天甚至可能減少五％），在其他地區則會增加（每十年增加一％至二％）。

水資源將最先受到氣候暖化的影響，尤其是冰河。南歐地區的乾旱程度將更加嚴重，河川流量將在二十一世紀末減少五〇％。農業生產將受到乾旱、熱浪和水資源不足的影響。歐洲北部的農業收益將可以彌補南歐的虧損，但整體來說，歐洲的農業獲利將有所下降。氣候的冷暖無常可能影響到人類健康和一些基礎設施，尤其是電信設備。在北歐，洪澇可能造成實質上的危害，但並非無法控制。

根據《京都議定書》附錄一的要求，歐盟計劃在二〇一〇年以前降低八%的溫室氣體排放量（和一九九〇年的排放量相比）。根據歐盟內部十五國達成的協議，會員國之間可以分擔溫室氣體排放的責任，即如果某些國家的排放量減少的話，則允許另一些國家稍有提高，但歐盟會員國還沒有能力完成預定目標。根據歐盟委員會估計，二氧化碳排放量將「快速上升，二〇一〇年將比一九九〇年高出三%，二〇三〇年將超過五%」。根據《史登報告》分析，要避免超過二℃的氣溫上升，已開發國家必須在二〇二〇年以前減少三〇%的溫室氣體排放，這等於要求歐洲國家減少二〇%的排放量。

為了督促企業和政府採取必要措施（提高能源效率、使基礎設施更為現代化、節約能源等），碳排放交易制度於是建立。該制度為每個會員國設立了二氧化碳排放量，如果排放量超過規定額度，懲罰措施是相當嚴厲的（每排放出一公噸二氧化碳當量，罰款一百美元），該制度同時允許排放量過大的企業與汙染相對較小的企業進行額度交易。歐盟碳交易機制（European Union Emissions Trading Scheme, EUETS）是專業的交易單位，用來規範歐洲企業之間的排放量交易。歐盟認為排放量交易制度是限制溫室氣體排放量最重要的政策，地位高於工業現代化、科技創新和排放量控制。不過，由於排放量設定過高，作用並不是非常明顯。因此，歐盟及會員國必須嚴肅更對待排放量政策，否則無法達到控制排放量此一目標。

在全球氣候問題解決的過程中，控制氣體排放可以帶來許多直接的良性影響。據加州環保局預測，每年環境科技市場的獲利可達到一千八百億美元，而歐洲將在此市場中占主導地位。儘管控制全球排放量的關鍵在於開發中國家，但歐盟在督促開發中國家減少排放量方面並沒有什麼作為。

2 美國

美國目前的溫室氣體排放量占全球的二五%，到了二〇三〇年將稍微下降，達到二二%。氣候暖化所帶來的顯著影響在二〇二〇年以前就將開始顯現。最可能出現的現象有：西部地區乾旱程度加重、溫帶地區降雨量增加、北部地區冬季變暖、攜帶傳染病毒的生物（尤其是佛羅里達）向北遷移。佛羅里達灣熱帶風暴和颶風的數量可能增多，這與加勒比海地區海洋性氣候溫度的上升有著密切關係。另外，半乾旱地區的農業密度增加以及都市化進程加速將不可避免地造成美國南部和西部資源的緊張。

小布希政府選擇退出《京都議定書》，主要是為了建立有利於美國經濟發展的環境政策。因此，儘管在限制排放量方面應當扮演關鍵角色，但美國在《二〇〇五年能源政策法》（*Energy Policy Act 2005*）並未涉及溫室氣體問題。小布希政府希望在二〇〇二至二〇一二年間降低一八％的溫室氣體排放量，並在二〇二〇年前將二氧化硫、氮氧化物和汞的排放量降低七〇％。在未來五年內，將有四十一億美元的稅收用於可再生能源、混合能源交通工具和燃燒工具的研發；另外還有十億美元用於發展不會排放任何溫室氣體的發電設備。

由於過分重視經濟發展，聯邦政府又缺乏統一的環境規定，因此美國的溫室氣體排放量有增無減（在一九九〇至二〇〇四年間成長了一五．八％），而二〇二〇至二〇三〇年間更有可能成長三四％。當然，如果美國重啟核能計劃、更新交通設施和煤礦生產設備，溫室氣體問題將能得到很大的改善。由於擔心國際環境合作架構可能減緩美國的經濟成長速度，美國因此更傾向於依靠科技創新。這樣的決定很有可能阻礙《京都議定書》的實行，並有可能形成新的環境公約。二〇〇六年一月，美國和澳洲、中國、韓國、印度和日本共同建立了亞太清潔發展與氣候合作夥伴（Asia-Pacific Partnership on Clean Development and Climate, APPCDC），目的在透過發展關鍵產業的科技創新來控制溫室氣體排放量，促進經濟發展，並將未加入《京都議定書》的國家納入多邊環境控制架構。雖說此一合作關係由於法律效力不強而無法發揮最大作用，但它的確為汙染嚴重的國家（中國、日本，也包括俄羅斯和加拿大）提供了《京都議定書》的替代政策。

美國各州在其國家政策形成過程中所起的作用是不容忽視的。有些大州承諾遵守《京都議定書》，而加州（它相當於世界第五大經濟體）在二〇〇六年初通過一系列措施，旨在確保二〇一〇年時能減少二千二百萬公噸二氧化碳、到二〇五〇年減少六千八百萬公噸；也就是說，二〇一〇年時，二氧化碳的排放量仍然維持和二〇〇〇年一樣的水準，到了二〇五〇年時，則要比一九九〇年的排放量減少八〇%。有一、兩個州曾因為聯邦政府不尊重自己已通過的制度而對政府提起訴訟。各大州的這些行為將逐步影響國家對環境問題的看法，尤其是當生態環境問題在選舉和經濟層面變得越來越重要的時候。

3 拉丁美洲

該地區自然災害的頻率和程度都將有所提高（尤其是中美洲的熱帶風暴），這將對沿海地區的居民構成很大的威脅。

被認為是世界上最大二氧化碳吸收庫之一的亞馬遜森林前景相當不樂觀。隨著基礎建設的增加和農業的發展，森林減少的速度根本無法減緩。在總面積七百萬平方公里的森林中，每年約有二萬五千平方公里遭到破壞（已有一六％消失）。如果不採取更積極的措施，到了二〇二〇年將有三〇％至四二％的森林遭到嚴重破壞，從而產生大量溫室氣體，導致氣候暖化現象加劇。氣候變化可能導致亞馬遜流域日益乾涸，並使熱帶雨林面臨變為荊棘地和沼澤的危險，森林大火及由此引發的溫室氣體排放現象也有可能增多。巴西政府近幾年來採取了很多措施，在一定程度上降低亞馬遜森林減少的速度（二〇〇四年為二百六十萬公頃，二〇〇六年則只有一百九十萬公頃），但巴西未來將加速生物燃料的生產速度，再加上對已開發國家出口量成長的刺激，森林的減少仍然無法避免。

4 撒哈拉以南的非洲

在二〇二五年以前，氣候暖化在非洲不同地區的影響是有差別的。在某些地區，氣候暖化和降雨量改變（特別是由農業過度開發引起的）可能造成明顯的環境惡化。氣候暖化在非洲大陸所造成的負面影響中，最明顯的包括查德湖（Lake Chad）的面積大幅縮水（面積從二萬五千平方公里減少為一千二百平方公里）和吉力馬扎羅山脈冰河的融化等等。因氣候暖化以及聖嬰現象造成的自然災害（尤其是水旱災）將影響到部分非洲居民的安全。而且，與工業汙染造成的危害相比，人口過剩和基礎建設落後所引起的汙染將對非洲產生更嚴重的影響。

水資源缺乏也是非洲面臨最嚴重的問題之一，非洲的水資源並非不足，而是分布不均：大部分水資源集中在中非，還有少部分在西非。目前非洲約有三百萬人無法獲得充足的水資源、約有三百一十三萬人缺乏基本的醫療衛生條件，並且有十四個非洲國家面臨水資源緊張或匱乏的問題[20]，而到了二〇二五年，遭遇水資源問題的國家數量增加一倍以

20 每人每年可用水低於一千七百立方公尺稱為「緊張」，低於一千立方公尺稱為「匱乏」。

上。根據最悲觀的估計，二十年後，非洲將有四〇%的人口受到水資源緊張的威脅。在非洲南部的半乾旱地區，氣溫上升和降水量的減少（在撒哈拉和蘇丹地區將減少二〇%）將加重水資源匱乏和土壤侵蝕的程度（現在非洲的沙漠化程度已達到整個陸地面積的四六%）。即使在雨量相當豐富的赤道地區，人類活動（水壩建立、環境汙染、森林砍伐）也可能造成水資源流失。

在這些地區中，農業擴張、森林減少以及木材消耗量增加都將加速土壤侵蝕，降低農業生產效益。撒哈拉以南的非洲地區能源分配系統的缺乏也會導致很多問題，因為還有九三%的農業人口在烹調時使用木材或木炭，此一現象在短期內不會有所改變，到了二〇三〇年，仍有七億二千萬人仍將依靠這些資源，農業生產不足的問題也會因此更加凸顯。非洲已經開始依靠糧食進口（目前為每年一千萬公噸），三三%的非洲人口目前面臨糧食短缺的困境（在某些國家甚至高達五〇%）。如果農業生產力不能得到顯著提高的話（每年提高三．三%），非洲將更加依賴進口，其數量將高達三千萬公噸。

同時，氣溫的上升會加快寄生蟲和蚊蟲的繁殖，從而使登革熱或瘧疾等傳染病急速蔓延，同時，帶菌生物的遷徙可能使這些疾病更加擴散。值得注意的是，有效的瘧疾疫苗可以在短期對整個非洲的健康和社會環境產生顯著影響，因為有九〇%的瘧疾病例都發生在撒哈拉以南的非洲地區。

5 中東和北非地區

這兩個地區是地球上最乾旱的地區：在一千四百萬平方公里的土地上，有八七%都是沙漠。未來，這個地區的溫度還將持續上升，雨量則會大幅下降（可能下降二〇%）。以上兩個因素，再加上用水量的增加（人口成長、都市化、工業化和農業擴張），水資源將嚴重匱乏。水資源的跨國管理在這個地區相當必要，因為埃及、敘利亞等大國都非常依賴這些流域遍布各國的河川，因此需要各國通力合作。埃及有九七%的水資源來自國外地區，敘利亞則是七〇%。對河川流域的管理將漸漸成為該地區多邊協議的主要目標。

根據預測，目前該地區每人平均擁有的水資源為每年一千二百立方公尺，而到二〇二五年則會降至六百至五百立方公尺。因此，該地區若要保持經濟發展活力，將依賴長距離的水資源調度以及大規模的海水淡化。由於缺乏可行的措施和投資，從目前到二〇二五年，該地區（伊拉克除外）都將受到水資源匱乏或緊張的威脅。從中期來看，水資源缺乏將對農業產生很大的影響，食品進口依賴程度會有所提高（目前該地區每年要進口八千萬公噸的食物）。人口的快速成長以及農村地區水資源的匱乏將加速農村人口向城市遷移的進程。到了二〇一五年，七〇%的人口將成為城市居民，從而對基礎建設形成挑戰，並帶來嚴重的水資源分配問題。

6 中國

環境汙染和惡化問題消耗中國約一〇%的GDP。由於大量依賴化石燃料，中國釋放的二氧化碳將從占全世界的一五・二%提高到二〇二五年的一九%。中國不屬於《京都議定書》附錄一中要求的國家，沒有減排的義務，不過它仍在一些項目上盡了努力（合理利用能源、更新交通工具等）。汙染造成的後果已經相當明顯，木材或煤炭燃燒所排放的汙染是酸雨的主要成因，酸雨波及三〇%的中國領土，而沙漠化則影響了四分之一的土地。

在過去的十年裡，中國流失約八百萬公頃的耕地，目前還在以每年二十萬至三十萬公頃的速度減少。耕地的減少不能只歸咎於汙染，根據中國環境保護部部長的說法，也有一部分是由於原始生態系統的恢復。據官方數據顯示，耕地總面積的三七．一％可能會恢復為從前的生態環境。某些研究預測，二〇三〇年時，將有一千萬公頃農業用地消失，而農業用地的大規模減少也將威脅到糧食供應。水資源問題也不甚樂觀：全國七五％的河流都已受到汙染，一億八千萬人的飲用水有汙染問題，北方的缺水現象尤其嚴重，尤其是黃河、淮河及海河流域。水資源缺乏的嚴重程度正如官方宣布的：「是一個威脅到國家安全、不可迴避的問題。」到二〇二〇年，環境惡化將造成二千萬至三千萬名「環境移民」（目前為六百萬），最終並加劇國家內部的經濟移民潮。

中國的環境問題已經相當嚴重，必須採取重大措施，比如生產模式和能源消耗模式的轉變、土壤和水資源管理的改善以及農業方面的改革。用於水資源管理的投資已達數十億美元，也有許多大型計劃開始實施，旨在緩解西部和北部地區的缺水現象，不過由於資金的有限和不同管理計劃之間的矛盾，將在一定程度上限制中國對環境問題的處理效果。

7 東南亞和印度

東南亞沿海地區和印度很有可能受到颱風的影響。這些自然災害造成的後果相當嚴重，亞太地區是世界上受類似災害影響最大的地區（全世界因自然災害死亡的人中，有九一%是在該地區，經濟損失也占了四九%）。洪澇災害和海平面上升將威脅到低窪地區的安全（孟加拉、中國和東南亞的一些三角洲地區），使它們的土地面積縮小，還可能導致大規模的移民，尤其是從孟加拉流向印度的移民。另外，喜馬拉雅山脈的冰河在快速消融（目前的速度是每年消失十至十五公尺），這將造成許多大河的水流量減少（特別是恆河、印度河、雅魯藏布江、湄公河、薩爾溫江、長江和黃河），並使數百萬人遭遇水資源缺乏的問題。

由於地理條件的限制（山地和森林），大量人口向沿海地區，尤其是東南亞地區遷移；人口的過分集中將導致傳染病蔓延、自然災害破壞力加大，以及汙染對健康的危害加劇。與氣候暖化和都市化相關的傳染病或流行病有可能進一步蔓延，嚴重危害到南亞地區居民的健康。

在南亞和印度的某些地區，因過度都市化和工業化，每年會出現三、四次大規模的汙染雲聚集現象。人為的液化氣體排放（主要由生物和化石燃料的燃燒造成）是形成這一大氣汙染現象最主要的原因，其導致的危害不同於溫室氣體對氣候、農業和健康造成的危害。汙染雲團會導致氣溫下降、乾旱程度加劇，進而完全打亂植被的分布。至於此類汙染對人類健康有何影響則尚無定論。呼吸道疾病是南亞地區第二大致命因素，家庭產生的燃燒氣體所造成的汙染會使問題更加嚴重。

第五章　科學技術

科學技術將在未來飛速發展，涉及的領域和部門相當廣泛，從衛生到資訊科技，無所不包。在過去的二十年裡，科技的新發明創造已徹底顛覆我們的生活、工作和互動模式。有四大基本因素將影響到未來的科技發展。

一、總體趨勢

一、**資訊科技將持續發展**。隨著新技術的層出不窮，以及計算速度、儲存技術和頻寬的不斷擴增，資訊科技在我們日常生活中的重要地位還將有所提升。

二、**奈米技術的進步**。奈米技術是指控制和裝配以奈米（十億分之一公尺）為單位的材料技術，它將大幅改變產品的組裝和生產過程。

三、生物技術的創新。生物技術的進步將大大提高人們抵抗疾病、營養不良以及環境汙染的能力。各種創新技術將延長全球大部分地區居民的壽命，並提高生活品質。

四、用於研發的投資。從目前的趨勢來看，用於研發的公共投資和私人投資不斷增多，比如奈米科技。投資的增加可以讓我們預見到未來技術的突破性發展。

這四大因素之間的協調合作也將是科技發展相當重要的一個面向，因此，在二〇一五年前後，生物、資訊和奈米技術在某種程度上的結合可以用於處理和解決各種不同的醫療問題，實現個人化醫療。到了二〇二五年，一些「智能」材料可能會有快速發展，並對一些物理現象產生作用，如光、熱、聲、氣味和磁場等。

分析科技領域的影響是很困難的，因為在人們判斷其效果之前，新技術便已很快地轉變為產品，並運用於生活上了，如網路在普及前，很少有人能預見到它可以應用於即時通訊、網路電話、電子文件共享、部落格等多種形式。

不同技術之間的關連越來越密切，為我們帶來了許多意想不到的發明創造。比如衛星技術和精確原子鐘技術的結合可用於地理定位、時間測定和航海。另一方面，生產成本的提高、無法預知的社會反彈、可能產生的法律後果以及其他因素則會影響到某些科技產品的發展。除去上述問題之外，在未來二十年內還有哪些可能出現的趨勢呢？

1 資訊科技的發展

在過去的三十年裡，電腦的運算能力平均每兩年成長一倍。這一法則稱為「摩爾定律」[21]，這項觀察促使資訊革命迅速發展，也推動了相關技術的應用和普及。有研究認為，摩爾定律還將在未來的十至二十年裡發揮作用，直到以矽為基礎的技術發展到盡頭。

專家們預計，隨著奈米技術的應用，二〇一五年前後，電子將超越目前用於積體電路的石英管，成為市場主流。在眾多材料中，奈米碳管或矽奈米絲將比傳統石英管的功率高

21 摩爾定律（Moore's Law）是由英特爾（Intel）創辦人之一的摩爾（Gordon E. Moore）於一九六五年提出的。簡單來說，摩爾預測單一矽晶片的電晶體數目，每十八至二十四個月就會增加一倍，但是製造成本卻能維持不變。電晶體越多，也代表晶片執行運算的速度也越快。

出三倍。到了二〇二〇年，石英管中將只包含幾粒原子，這也為量子資訊科技的發展提供了條件。

未來資訊系統的能量是巨大的。科雷公司（Cray Inc.）[22]在二〇〇九年推出運算速度為每秒一・七五 petaflop（即每秒運算一兆七千五百億次）的超級電腦。同時，新技術的發展（如奈米儲存器）將大大提高數據儲存能力。在頻寬方面，二〇二〇年前，供給將全面超過需求，工作模式和企業結構也會受到很大影響。資訊科技將推動全球化進程，促進世界的相互連繫。

網路技術也會繼續發展。資訊系統與高速網路相結合，讓使用者不管身處何地都能便利地享受高速運算、巨大的儲存能力、大量數據和軟體。網路資訊科技將逐漸使個人電腦成為終端，並大量縮短工作時間。例如，一部高速超級電腦可以讓土木工程師在短短幾分鐘內便模擬出一項抗震橋梁計劃，而一般來說，這樣的模擬作業需要好幾個月。

22 美國超級電腦製造商。

2 奈米技術的進步

奈米技術是一種化學與工程學相結合的科學。奈米技術現在已經運用於電、磁、美容及醫藥等方面，而科學家們認為在未來的五到二十年裡，在市場需求的推動下，奈米技術將有更長足的進步。到了二〇一五年，奈米技術將應用於一半以上的新產品中。

在電學、醫學、材料學和環境工程學方面，奈米技術都將產生深遠的影響。許多專家認為，奈米技術將成為未來技術潮流的主導力量，新的技術平臺將變得更小、更有效率。果真如此的話，分子電學有可能延長摩爾定律的壽命。

在二〇一五年以前，以半導體為主的量子奈米技術將取代化學電子技術，並能迅速運用於藥物研發、基因工程和其他生物領域的發展。根據估計，對以奈米技術為基礎的衛生產品的需求將在二〇二〇年超過一千億美元。該技術還可以為提高醫療診斷準確率、發展醫療攝影技術和抗癌治療做出貢獻。

資訊和奈米技術的突破性進展也會對自動化產生重大影響，涉及的領域從物流貿易到戰鬥指揮，相當廣泛。在未來五至十五年內，新技術將使交通運輸的自動化變得可能。

3 生物技術的創新

生物技術旨在改變生物或非生物要素的構成，以創造新的認知、商品和服務。該技術的發展已經在某些領域（如醫藥產品）發揮了作用，分析家認為生物技術將在二〇一五年前後開始產生革命性影響。全球許多地區的人口壽命都將有所延長，這主要有賴於生物技術在抵禦疾病、醫療人性化、基因治療、抗衰老、整型、移植技術等方面的長足進步。除了衛生領域以外，生物技術還可以在農業和工業方面（如生物燃料和生物提煉）發揮作用。

到了二〇二五年，醫療方面將更加強調預防，治療方式也會更加人性化。人造器官技術將在二〇二五年前日趨成熟。同時，以幹細胞療法為基礎的醫療方式將對糖尿病、帕金森氏症和阿茲海默症等慢性病的治療有非常好的效果。生物技術的新發展也有助於找到防治大量疾病或致病因素的疫苗。

在農業方面，生物技術的進步有可能促成新一代基因改造產品的誕生。目前的技術主要集中於生產抗蟲害的農業品種，而將來的技術則將逐步轉向培養長期生長並保持健康狀態的品種。因此，一些企業正在進行基因工程學研究，以期在二〇一〇至二〇一五年能夠生產出脂肪酸含量較少的食物。整體說來，生物技術的進步在眾多領域都將發揮作用，其中包括減少貧困（如為一些無法耕種的地區研發適宜種植的農作物）、推廣更為健康的飲食模式、延長人口壽命等。

4 用於研發的投資

公共和私人投資常常是科技新發現的跳板。除了科技培訓的品質和普及程度以外，投資就是未來科技創新的主要推動力。二〇〇二年，美國的研發支出占該年GDP的三五％為最高，亞洲以三一・五％排名第二，歐洲緊隨其後，為二七・三％。有些地區的支出則相當少，比如非洲僅占〇・六五％。當然，我們應當注意到，某些非洲國家的投資額度已經大幅提高。中國研發支出占GDP的比例也已從一九九六年的〇・六％提高到了二〇〇二年的一・二三％。同時，各國對專利證書的要求也越來越高。在二〇〇〇年至二〇〇五年期間，日本、韓國和中國的專利數分別增加了一六二％、二〇〇％和二一二％。

投資於關鍵領域（比如在奈米技術方面）在相當程度上可以推動科技進步。公共部門用於奈米技術研發的投資從一九九七年的五億美元提高到二〇〇三年的三十五億美元，這也充分說明該技術具有巨大的潛力。美國和歐洲是目前該技術主要的投資者。二〇〇六年，美國國家奈米計劃從各方獲得了十億五千萬美元的研發資金，和二〇〇一年相比，成長了一三七％。歐盟也通過數個科技研發架構計劃（Framework Programme, FP），在奈米技術研發上投入了十三億歐元。還有其他很多國家也對此一技術有著濃厚興趣，並做出了很多努力。如果說美國和歐洲占據一半的奈米科技出版物，那麼中國、日本、韓國就代表了另外一半的大多數。

在科技人才培養方面，美國研究型大學的數量居世界第一。在全世界五十所頂尖大學中，美國大學就占了三十七所，也因此吸引世界上最優秀的大學生前往留學。根據一九九九年的數據，這些留學生中有很多來自中國和印度，分別為三萬三千和二萬三千人（分別占總數的三五％和二五％）。在美國獲得工程學、數學和資訊科技博士學位的學生中，有一半是外籍留學生。不過，九一一事件之後，簽證核發的限制使留學生的數量下降。而且歐洲和亞洲也都加入與美國競爭優質人力資本的行列。

二、科技發展所帶來的問題

毫無疑問，科技進步也有它負面的影響。這些負面因素如果不加以控制的話，後果將會相當嚴重。而且由於科技的應用往往早於相關法律法規的制訂，因此結果和影響大多是無法預估的。以下就是本章中所涉及的一些科學技術可能帶來的問題。

1　資訊科技的發展

一、**對個人隱私的不尊重**。數據管理能力的提高以及電信技術的改善，將使個人隱私受到極大威脅。日臻完善的感應器技術和定位系統也會對私人生活造成負面影響。

二、**個人面對技術時將更加脆弱**。資訊科技將在社會各個領域全面發展，電子盜版會更加猖獗，而與資訊設備連繫的日益緊密將造成一連串負面的連帶效應。

三、**技術差異的加大**。資訊科技的地區差異將更為明顯，某些地區可能與科技的日新月異漸行漸遠。

2 奈米技術的進步

該技術的應用充滿爭議。隨著人們對自動化進程的日趨依賴，奈米技術極有可能帶來意想不到的破壞性後果。

3 生物技術的創新

一、**該技術同樣極具爭議**。人類再生技術（如複製人）、利用胚胎生產幹細胞以及依賴基因療法提升人類健康水準等，都是目前充滿爭議的技術。其他領域，如基因改造技術在農業生產方面的應用等，也會在社會上造成各種不同的迴響。

二、**對個人隱私的不尊重**。醫療診斷技術（以及基因地圖）的發展，使得對個人病史的分析更加方便，也使預測個人是否會罹患某些病症成為可能。但牽涉其中的個人卻可能因此被拒於某些工作之外，或遭到醫療保險的拒絕。

三、**一把雙刃劍**。旨在為人類帶來福音的技術也極有可能受到利用，從而造成傷害。比如生物技術的進步很可能間接被某些組織或個人利用，從而導致生物戰爭的爆發。

第二部分
地區

第六章　美國

從傳統的經濟和軍事力量判斷標準來看，美國到二〇二五年仍將保持世界第一大國的地位。自冷戰結束以來，美國一直處在超級大國的位置上，但究竟還能「超級」到何種程度，我們拭目以待。與其他已開發國家的情況不同，美國人口將成長一七％以上，在二〇三〇年達到三億六千四百萬人，其中主要的來源是西班牙語系移民。經濟成長速度將會保持穩定（平均年成長率為二・三％），科技創新和研發是其主要原因。美國擁有全世界五十所頂尖大學中的三十七所，並且吸引大批來自世界各地的科學家，這將使美國在未來的知識經濟競爭中占據絕對優勢。

從一九九七年到二〇〇四年，美國是整個世界經濟的發動機，其經濟需求占全世界總需求的四六・六％。但由於經常帳長期處於赤字狀態（約為八千億美元，即GDP的六・四％），預算從二〇〇〇年的占GDP一・三％的盈餘轉變為二〇〇五年占GDP

四・一％的虧損，美國經濟可能遭遇階段性波動，並對整個世界經濟造成負面影響。應該注意的是，美國經濟的穩定相當依賴外部資源——美國每年需要引進一兆美元的資金以填補赤字，並滿足自身的外商直接投資。以下幾種可能性將緩解這一狀況：美國預算赤字減少、重新調整幣值、其他經濟體內部需求的成長。

一、文化、社會與政治

美國社會的傳統理念有：開放性、多元文化、由政府公權力而來的干涉主義，以及國家的世俗化。其中的某些特點，比如憲法規定的世俗性質，在最近幾年引起了一些爭論，甚至有人認為美國有成為西方神權國家的可能。不過儘管爭議不斷，但民意調查顯示大部分美國人依然推崇傳統價值，尤其是國家的世俗性。同時，美國社會的某些原則可能在未來二十年遭遇挑戰，並發生改變。最能說明這一問題的是美國社會經濟的以下四個方面：西班牙語系移民、不平等現象、國家角色增強，以及宗教在美國政治中的地位。

1　西班牙語系移民激增

美國是一個移民國家，多元文化是其最典型的特徵。目前已經有大量來自歐洲的移民成功融入了美國，但並未對該國的政治體系和社會價值產生根本影響。不過越來越多的西班牙語系移民（大部分來自墨西哥）將對美國的社會結構產生影響，使社會逐漸轉為雙語模式，並加重整個社會保障體系的負擔、改變國家對移民的態度。西班牙語系移民潮與美國以往的移民活動有明顯的不同：規模大、以非法移民占大多數、集中在固定的區域、主要來自鄰近國家，並與美國有著歷史和情感上的相似性。

二〇〇四年時西班牙語系移民占美國總人口的一三%至一四%，到了二〇三〇年，比例將提高到二〇%，二〇五〇年將達到二五%。墨西哥人占移民的絕大多數，而且數量仍持續成長中。二〇〇四年，西班牙語系移民約占所有外裔美國人的三分之一，這一比例已經是一九九〇年的兩倍。大部分墨西哥人都是以非法方式進入美國（每年有四十萬至五十萬人），而二〇〇四年時，美國的非法移民已經有一千零三十萬人之譜。

這樣大規模的移民潮在美國並非首次。在十九世紀末二十世紀初，曾有同樣規模、來自德國和愛爾蘭的移民潮出現在美國，但是一半以上的移民都使用同一種英語之外的語言卻是歷史上第一次。而且這些西班牙語系移民學習英語的速度比較緩慢，尤其是墨西哥人，這主要是由於情感上的牴觸造成。墨西哥移民的經濟和教育水準相對比較落後，七〇%的第一代墨西哥移民都沒有接受過中等教育，而且大多數都生活在貧困線以下。但隨著時間的推移，他們的生活狀況也有所改善。

墨西哥移民團體數量眾多，這無疑是他們難以融入美國社會的主要因素之一。其他因素還有：他們所處的區域相當集中，並且很接近墨西哥。絕大部分墨西哥移民都居住在美國西南部與墨西哥交界的地方（加州、新墨西哥州、亞利桑那州、德州），保持與母國相當緊密的關係，並拒絕融入美國社會。

杭廷頓（Samuel Huntington）[23]曾經說過，儘管美國是一個多民族、多文化的國家，但其根本的社會價值始終是白人盎格魯撒克遜新教徒[24]那一套。不管這種說法是否有根據，

23 杭廷頓（Samuel Huntington, 1927-2008），美國知名政治學者。
24 白人盎格魯撒克遜新教徒（White Anglo-Saxon Protestant, WASP）本義指美國當權的精英群體及其文化、習俗及道德行為標準。這個詞多帶貶義，嘲諷這些白人的種族優越感、排外、反猶太和反天主教等心態。

毫無疑問的是，西班牙語移民的不斷增加將減弱盎格魯新教文化的影響力，並深刻地改變美國社會。美國將會成為一個雙語社會（不管官方是否承認）。從政治角度看，西班牙語系移民將要求更多的社會權利和更高的國家地位，其他的非移民階層也會更加要求參與國家政治。

2 國家角色的增強

在國家與社會的關係中，傳統的美國模式要求國家扮演「守夜人」的角色。國家的功能是保證公民能夠順利地享受權利、共富共榮、避免糾紛，但不能超越這一角色，更不能與公民的私人生活混為一體。如今的美國人對國家依然不夠信任，並且越來越懷疑國家真的能夠改善他們的生活水準。換句話說，「守夜人」模式在今天仍然很受歡迎。

但隨著恐怖主義的出現，國家如果要完成它公民保護者的任務，行為方式就必須越來越具體和開放。九一一事件使美國人開始從思想上接受國家角色的改變，隨著安全服務部門的重組以及龐大的國內安全部的建立，美國政府採取了一系列處理緊急情況的新政——

這些措施可能帶來的後果，輕則引起民眾不滿，重則對個人自由造成傷害，而美國總統也承認，政府允許對大量電話交談進行監聽。所有的改革都得到了國民的贊同，這說明為了保證自身安全，美國人願意接受國家介入個人私生活。可見「守夜人」角色已經開始發生改變。不過等九一一事件的影響消失之後，美國人是否還會接受國家的干涉主義就不得而知了。

移民政策的改革也要求國家角色有所增強。國家在處理非法移民時遭遇的主要問題是無法進行安置，也很難阻止這些移民投身勞動市場。為了加強管理，總統與議會兩院經過討論通過了許多移民改革方案：增加邊境守衛人員、建立工作許可證鑑識系統、嚴格管理非法就業單位。對於歐洲來說，這些措施並不新鮮，但對美國來說，這是一場深刻的變革——國家以核心行為體和問題解決者的身分而存在。

如果美國再遭遇一次恐怖主義襲擊的話，國家凝聚力無疑將進一步加強，國家做為社會生活干預者的角色也會越來越重要，此一現象並不意味著美國將摒棄國家的根本價值（尤其在經濟自由方面），但國家角色的增強可能造成某些個人權利和公民自由受到限制。

3 不平等現象

照目前的趨勢發展下去，美國將成為一個越來越多元化（主要由移民增加引起），也越來越不平等的國家。在已開發國家中，美國國內貧富不均的現象已經相當嚴重。從八〇年代開始，美國國內的貧富差距越來越大，尤其是在低收入與中等收入者之間。不過二〇〇〇年開始，中等收入者的工資只成長了一％（一九九五至二〇〇〇年間的成長率為六％）；相反的，一九八〇至二〇〇四年這段期間，富裕階層的收入有大幅增加：倘若富裕階層有一萬人，在這一萬人中最富有的一百個人，其收入成長了一倍（從八％增至一六％）；這一萬人中最富有的十個人，其收入成長增加了兩倍（從二％增至七％）；而最富有的那個人，收入竟成長了三倍（從〇．六五％增至二．八七％）。

同時，財富分配不均的現象也更為明顯：國家三分之一的財富屬於最富有的一％人口，還有三分之一屬於其他的九％，最後的三分之一才屬於剩下的九〇％大多數。但與此同時，美國仍然保持著其傳統價值：經濟自由和個體經營。美國人始終堅信每個人都有成功的可能，並且始終推崇極度自由和充滿活力的經濟模式。

4 宗教與政治

美國社會具有深刻的宗教傳統。九四%的美國人都信奉上帝，而且絕大部分國民認為國家還不夠宗教化。三分之一的美國人認為《聖經》確實是上帝的話語，應當絕對遵從。大部分國民認為世界萬物是由上帝創造的，或者是在祂的旨意下成就的。如果將美國的宗教虔誠度與世界其他地區進行比較的話，程度與伊斯蘭國家、非洲和南美地區相當，而且比絕大多數歐洲國家高。

儘管從憲法角度來看，美國是一個世俗的共和國，但宗教在政治生活中占有非常重要的地位。基督教保守派人士近年來一直在努力捍衛自身權利，並對國家的政教分離政策產生深刻影響。小布希總統本身就很尊重基督教義，他從來不否認自己在做出政治決定時常常受到教義的影響。許多議會議員，甚至高等法院成員都是虔誠的基督教徒，在高等法院的任命過程中，常常提出的辯論題目，就是候選人對於墮胎問題的看法。其實，目前美國高等法院中的大部分保守派都贊同重新討論一九七三年的「羅伊對韋德」判例[25]，因為在此之後墮胎得以合法化。

當然，我們也不能因此武斷地認為美國政治將受到宗教越來越深的影響。雖然宗教將繼續影響美國社會的各方面，但美國人仍然認為政教必須分離。大部分的美國人認為宗教組織擁有過大的政治影響，四分之三的美國人反對神職人員在教堂接見政治團體。美國人對於宗教問題的觀點都比較實用，因此很多人都支持幹細胞研究和婦女墮胎的權利。

在對外政策方面，宗教很明顯地影響以色列問題的立場。超過三分之一的美國人認為以色列人實現《聖經》中的預言，大部分人都覺得自己與以色列人接近的程度比巴勒斯坦人高得多。基督教保守派團體是以色列的最堅定支持者，尤其是對右翼反對黨聯合黨（HaLikud）。但除了對以色列的態度之外，宗教對美國的其他對外政策幾乎毫無影響。大部分美國人認為他們的教義只適用於自身，並不打算強加於他人。

25　「羅伊對韋德」判例（Roe v. Wade）發生在一九七二年，當時一位想墮胎的婦女羅伊（Roe）提出自訴，控告德州禁止墮胎法違憲，當時承辦法官為韋德（Wade）。官司一路上訴到最高法院，最後大法官援引《憲法》修正案——保護尊重婦女的隱私權，最後判決德州禁止墮胎的法律違憲。此一判例是婦女解放運動的一大勝利，但美國也從此陷入保守與自由勢力的對抗。

美國人的宗教虔誠度在未來並不會降低，但對公共生活的影響也不會進一步擴大。而且根據民意調查顯示，宗教影響甚至有可能降低，宗教理念對美國對外政策的影響仍將微乎其微。

二、對外政策面臨的挑戰

1 九一一與伊拉克戰爭

九一一恐怖襲擊以及美國對此的反應，尤其是入侵伊拉克，是美國對外政策最關鍵的環節之一。九一一事件發生在美國國際信任度不斷上升的時刻。柯林頓政府的對外政策是冷戰時期外交原則的延續（如重視巴爾幹地區、與俄羅斯保持穩定關係、擴大北約範圍等等），其霸權政策逐漸轉向合作（與中國展開對話、和朝鮮進行協商、推動中東和平進程）。小布希政府的上臺伴隨著新保守主義思潮的興起，使得國家政策趨於單邊主義[26]和軍國主義。新保守主義者認為美國有能力改變整個世界，並且應該這麼做。但事實上，自小布希執政開始，新保守主義者們的計劃根本沒有獲得接受的可能，美國人也似乎並不急於看到自己的軍隊南征北討，以重建其他國家的秩序以及在全球推廣民主。事實上，小布希在競選二〇〇〇年總統的過程中就保證過，美國不會用武力改變世界。

然而九一一事件改變了這一初衷。美國面臨的新威脅似乎無法透過外交途徑化解，其中牽涉到地區動盪、宗教狂熱、專制政體和衰落國家，因此新保守主義鼓吹「在威脅形成之前改變世界」的說法找到了市場，小布希政府採取了所謂的「預防措施」，在三分之二美國民眾的支持下進攻伊拉克。

在深陷伊拉克泥沼四年多以後，美國政策和理念的失敗顯而易見。其官方目標是加強國家安全，建立一個穩定、親西方、民主的伊拉克，然而事實似乎剛好相反：動盪和暴亂充斥著整個伊拉克。截至二〇〇七年四月為止，戰爭已經造成三千三百名美國士兵死亡，

26　單邊主義（Unilateralism）亦稱作片面主義，即單一國家依自己的能力與資源，自行採取行動，以追求其外交政策的實現，而不涉及雙邊合作或同盟。

二〇〇八年到來時，直接損失已經達到五千六百四十億美元，間接損失則難以估算，但根據美國前國務卿貝克（James Addison Baker III）所領導的伊拉克研究小組預估，這一數字已達到兩兆美元。同時，美國在國際社會的支持率不斷下降，形象已跌到谷底；在美國內部，伊拉克戰爭也越來越不得人心，大部分民眾認為這是一個錯誤，並把它歸咎於小布希，使得小布希的滿意度持續下滑，從九一一事件之後的八五％跌至二〇〇七年五月的二八％。

伊拉克戰爭的失敗標誌著「新保守主義時代」的終結，但接下來會有什麼樣的政策，我們還不得而知。一切都要取決於當前的威脅（恐怖主義、核武擴散、「邪惡國家」）將持續多久，以及新挑戰將以何種方式出現。美國對某些國家政體形式採取的「變革政策」到底會產生多大影響也是一個未知數。另外兩大值得關注的因素是：資源的局限性和軟實力的下降。

2 美國軟實力下降

伊拉克戰爭造成的影響使美國的形象急轉直下。從九一一事件發生到二〇〇七年，美國的盟友紛紛表示了反對：法國、德國、印尼、摩洛哥和土耳其。甚至在英國、荷蘭、波蘭這種傳統的親美國家中，美國的形象也大不如前。美國不僅製造了敵對，還造成了恐慌。在二〇〇六年的一次調查中，大部分西歐國家居民認為，美國對國際社會而言是一個嚴重的威脅。

雖然反美主義並非新鮮事物，但在伊拉克戰爭之後，此一情緒似乎變得異常強烈，並且為美國政治帶來了嚴重後果。形成這種敵對情緒的因素主要有兩點：摒棄美國文化影響和質疑冷戰時期美國的對外政策。不過直到今天，還沒有任何質疑可以動搖美國做為世界穩定重要保證者的角色，也不會影響到美國民眾在國際上的良好聲譽。另外，還有相當數量的外國人將美國奉為追逐的目標，認為這是一個擁有無限希望的國家。

伊拉克戰爭發生後的反美主義發生了巨大而深刻的變化。以往對美國的敵對情緒主要出現在高齡人口中，但伊拉克戰爭使得年輕人成了反美主義的主力軍。根據二〇〇五年的調查，法國、西班牙、德國和荷蘭的年輕人比其他年齡層的人更加敵視美國；而在英國和波蘭這兩個傳統的親美國家裡，抱有反美情緒的年輕人也增加了一倍。

世界各國年輕人對美國的漠視甚至厭惡，讓美國感到非常擔憂，這種敵對情緒也可能造成人們對單邊主義的反感，從而要求推動國際關係中各個角色功能的重新分配。歐盟的對外政策也在伊拉克戰爭之後變得更為獨立，歐洲年輕一代的這種情緒尤其突出。而身為美國未來最強競爭者，中國在歐盟國家中的形象則節節攀升，就連在英國也是如此。

為了挽回日益惡化的形象，美國政府增加了對外政策的規範強度，如在二〇〇六年的安全戰略中提升民主推廣的重要性。但這些改變並沒有從根本上影響美國政府的總體政策，相反的，雖然美國試圖軟化政策，期能發揮更好的作用，但短期內美國政策不會太大的變化，一方面是由於政府的支持，一方面也是美國民眾的意願。在許多國際問題上，比如《京都議定書》、防禦行動、聯合國的角色以及國際援助等方面，美國民眾的觀點與世界普遍觀點相左。如果這些分歧無法得到解決的話，美國的「軟實力」還有可能繼續下降。

3 中國力量的崛起

中美關係的發展無疑將對國際秩序的未來產生極其深遠的影響。沒有任何一個大國可能威脅到美國在世界的地位，除了中國之外。中國的崛起已經改變東亞平衡與美國在該地區的優勢地位。中國在非洲、中東和拉丁美洲經濟地位的上升意味著中國將在這些地區與美國（以及歐盟）展開競爭，並限制美國對某些政體採取的制裁措施（如伊朗、蘇丹和委內瑞拉）。

儘管中國力量的崛起引起美國外交及安全部門的充分重視，但中美關係目前還沒有惡化的危險：除了地區安全之外，雙方在其他領域都有展開合作的必要，而且兩國關係的發展也有許多積極面，如美國促進中國融入國際體系、雙方企業的連繫越來越緊密、有相當數量的中國年輕人以及精英分子在美國的大學求學。

中美關係的發展首先取決於中國自身的發展及其對外政策的沿革。中國的發展與在世界和地區事務中的行為是美國關注的重點。華盛頓方面的態度當然扮演著關鍵角色，反華的美國鷹派勢力目前並未在政府中占據重要位置，不過一旦他們掌權，中美關係可能將無法避免地受到影響。

不過雖然中國的發展會對美國形成威脅，但美國輿論並不會對中國展開過多的攻擊，原因在於：兩國在經濟的相互依賴性非常強——美國進口大量中國商品，而中國則透過購買股票、證券等方式填補了美國的預算赤字；中國在國際事務上大多採取合作態度，只是偶爾對美國在聯合國安理會上的立場表示反對；中國在朝鮮問題上的態度被認為是具有建設性的，而且它也盡量避免在本地區之外的事件上與美國產生衝突。

美國極有可能透過與日本的緊密合作繼續保持在東亞地區的影響力。同時，儘管鄰國可能並未感覺到中國崛起對它們有多大程度的威脅，但美國在該地區的地位無疑將發生改變。

4 能源安全

從結構和戰略角度看，美國的安全與外交政策將逐步以能源安全為重點。美國在未來二十年將繼續保持世界第一大能源消費國的地位，其能源消耗量的成長速度比經合組織的其他國家都快，二〇〇五年至二〇三〇年期間將成長約三一％。為了提高能源生產和消費的效率，美國在科技和政治方面採取了很多措施，並且增加了在可再生能源方面的投資。但這些政策無法滿足能源需求的過快成長，到了二〇三〇年，美國可能有六六％的石油和二〇%的天然氣需要依靠進口（目前分別為四七%和四%）。此外，隨著墨西哥和加拿大天然氣產量的減少，美國對液化天然氣的需求將大幅提高，從而對已經相當緊張的液化天然氣市場產生嚴重影響。

與歐洲不同的是，美國並不單獨從一個地區進口能源，但對某些地區的重視程度會高於另一些地區。正如小布希在二〇〇六年的演講中提到的，美國從中東地區的進口量將在未來二十年內下降七五%，而非洲和拉丁美洲的比重將逐漸提高。到了二〇二五年，美國所進口的石油中，有二五%將來自非洲。尼日目前已經占美國石油需求的一〇%，在未來也將成為其重要的液化天然氣供應國，而非洲石油礦藏豐富的國家，如尼日、安哥拉等，將得到美國在經濟、社會及軍事等方面的大量援助。對南美國家來說，美國擔心的則是它們能源的國有化趨勢。

5 理論與實踐

從以上各個方面我們可以看出，美國的對外政策主要源於下面兩種理論原則或兩者的結合。

(1) 現實的威爾遜主義

此一理論是自由國際主義與現實主義的共同體。該學說的主要原則是：國際機構是全球化時代不可缺少的組成，而美國應當推動這些機構的建立。儘管美國對聯合國的地位頗有異議，但對像世貿組織這樣的功能性機構以及裁撤軍備、環境等問題的規則架構都表示認同。自由主義原則認為，國家的內部政策將影響其外部行動，這是指導美國對外政策的主要原則之一，也是美國對民主國家和專制國家有差別對待的原因。美國捍衛民主和人權，但並不會透過武力或強制手段改變其他政體。因為該理論認為外力可以幫助政體改革，但只有國家或社會的內部力量才能真正完成轉變。軍事干預只能局限於自衛和預防人道主義災難（僅限於種族屠殺）。

(2) 新傑克森主義

此一理論意味著美國回歸到較消極的對外政策階段。在政府需要保障國土安全並弱化因伊拉克和阿富汗問題所引起國際社會對美國的不滿情緒時，這種學說就會找到它的市場。在國家安全方面，新傑克森主義重視國家防衛、領土保護和反導彈防禦體系。美國軍隊將退出目前的衝突地區，並減少在歐洲、亞太和中東地區傳統基地的軍事力量。美國將限制參與多邊國際組織的密度，不再加入維和行動，並減少對國際衝突地區的外交行動，其中包括以巴問題。美國與民主和非民主國家的外交關係將沒有任何不同。

不管未來的發展趨勢如何，美國的對外政策將朝以下三大特點發展：

一、**對實用主義的推崇**。美國將繼續保持世界唯一超級大國的地位，其對整個世界的責任將超過其他任何國家，並將繼續成為國際新秩序倡導者的主要目標。內部政策的主要戰略模式依然偏實用而非理論。每位美國總統上任的首要目標都將是保障本國領土安全，其次便是外交政策到底要採取單邊主義還是多邊主義的問題。

二、**對使用武力的態度仍將比較靈活，尤其是在防禦的合法性方面（美國對這一概念的定義較為寬鬆）**。美國對其他形式的維和行動態度將越來越保留，尤其是對聯合國組織的行動表示遲疑。

三、對國際法的態度不利於多邊主義的形成。與大部分歐盟國家不同，美國始終認為自己國家的法律高於國際法。其原因是結構性的：做為超級大國，美國將國際法視為對自身的束縛，而非權力來源。但隨著權力可能出現的下降情形，美國是否（或者將如何）接受一個越來越制度化的國際社會將是一個相當重要的問題。

第七章 中國

中國將毫無疑問地成為二十一世紀國際舞臺上舉足輕重的國家之一。它目前擁有世界上二〇%的人口，創造全球約五%的財富；它的初級能源需求占全世界需求的一二%，並且擁有約一．三兆美元的外匯存底，超越日本，成為世界外匯存底最多的國家；它是全球第二大外商直接投資國，僅次於美國；其商品和服務交易總額達到十一兆美元，即全球總額的七%。到二〇二五至二〇三〇年，根據絕大多數的推測，中國人口將達到十四億四千萬人，能源消耗量將大幅成長，石油需求將成長一三五%、天然氣成長二六〇%、煤成長一〇五%。能源進口和大量用於能源基礎建設的投資是必不可少的；到了二〇二五年，中國的GDP也將因此提高至目前的三倍，排名躍升世界第二，僅次於美國（第三位將是歐盟）。如果按照購買力平價計算，中國的GDP總量甚至將超越美國。

中國將成為世界上最大的貿易國。這樣巨大的經濟規模將在整個東亞和南亞地區產生無可比擬的吸引力（到了二〇二五年，這兩個地區將創造全世界四〇%的ＧＤＰ）。如今已經在國際關係中扮演重要角色的中國，將對未來的國際秩序產生決定性影響。透過與世界其他各國或各聯盟的合作與競爭，中國有著重組世界政治經濟秩序的能力。因此，中國在未來二十年的發展將對整個世界體系的重組產生根本影響。

中國的崛起可能引起兩方面的疑問：一、快速的經濟成長到底可以持續多久？二、做為世界主要的經濟體，中國的優先目標有哪些？這兩大問題是緊密相連在一起的。隨著國家的發展，經濟、社會和環境問題也將凸顯出來，成為中國政治精英們在可預見的未來所必須面對的挑戰，也將對國內外的安全與穩定產生影響。中國為保持經濟快速成長和改善民眾生活水準做了許多努力，但同時也在安全和環境等方面造成了某些負面影響。

一、來自內部的挑戰

1 能源供給安全與電力生產

未來二十年，中國將在保持經濟成長和社會穩定兩方面遭遇相當大的挑戰。首先要做的事情就是保障正常的能源供給、控制環境破壞的程度、改善社會保障體系以及反貪腐。能源需求的快速成長將對國家的供給體系和生產能力造成沉重的負擔。目前中國有一半的石油進口都來自中東政局並不太穩定的地區，另外，八〇%碳氫能源的運輸路徑都會經過麻六甲海峽，這條路線對中國來說是名副其實的咽喉要道。當然，中國也在努力尋找其他的能源供應國和運輸路線，這是最核心的國家利益所在。中國與四個主要的能源生產國簽訂協議，分別是沙烏地阿拉伯、伊朗、安哥拉和俄羅斯，目前中國石油需求四五%都來自以上四個國家（在一九九五年時僅為一三%）。中國對非洲的石油資源也越來越感興趣，並與尼日、蘇丹、利比亞等國簽訂了合作協議。同時，中國還與巴基斯坦和緬甸合作修建港口，這將有利於能源運輸管道的暢通，並擴大中國在印度洋地區的影響。一個龐大的

「亞洲能源網絡」已然成形：伊朗和印度的天然氣管可能延長到中國（此一議題引起了大量爭論）；穿越烏茲別克和哈薩克的輸油管則可以刺激中亞大量石油的開採。

能源進口路線多樣化的確可以保障能源供給安全，但中國面臨的問題還不止於此。電力生產方面的基礎建設規劃也相當重要。要維持經濟成長率，中國的電力生產量必須在二〇三〇年時增加到目前的四倍，從每年三千六百億瓦提高到一兆二千二百億瓦。煤將繼續扮演電力生產主要能源的角色，所生產的電力約占總電量的三分之二（目前的比例約為八〇％）。中國、美國和印度是世界上三大煤炭發電國。據估計，水力發電將達到二千億至二千四百億瓦，天然氣發電量為一千一百一十億瓦，可再生能源為三百八十億瓦，核能則可生產三百五十億瓦。這些預測數據已經考慮了資金和環境成本，但要達到這樣的預期，中國必須在未來二十至二十五年內投入三兆美元，以用於能源基礎建設（即全球能源投資的一五％）。但考慮到經濟和社會等諸多因素，中國要達到這樣的預算水準是不太可能的。

2 環境惡化與都市化

就像我們在第四章所提到的，中國的環境危機已經相當嚴重，必須要求政府採取大規模措施來改革生產和能源消費模式，並改善土地管理、水資源管理，以及農業生產方式。光是水資源管理一項，投資金額就有可能超過一百億美元，而且目前中國已經開始南水北調工程。儘管這些工程必須耗費鉅資，但的確可以改善整個中國民眾的生活水準。近二十年來，中國約有三億人口脫離貧困，國民平均所得達到一千七百美元（是美國的一五％），但經濟起飛為社會帶來的代價是昂貴的。

至少有一億二千萬人口由內陸地區遷移到經濟發達的東部和沿海地區。在未來十年內，將有約二億三千萬人口從農村遷移到城市；最發達與最貧困地區之間的收入差距相當大。到二〇二五年，都市化比例將從四一％升至五七％，城市居民將超過八億人，但城市汙染問題已經達到了相當嚴重的程度。中國的衛生條件還很不完善，公共衛生體系也需要繼續加強。

3 經濟成長與中國的政治權力

中國經濟的快速成長使人們忽視了該國經濟體系的問題，尤其是在國有經濟方面：根據估計，獲利較低的國有企業占所有企業約四〇%，中國共產黨也吸收大量新的社會精英來支撐國有經濟。所謂的「實用資本主義」讓政治精英們掌握國有企業，有利於發展經濟；但政治與經濟利益的混雜阻礙了國有企業的發展，而銀行體系也非常脆弱，同時還有大量的貪腐現象。

中國的社會秩序是建立在經濟目標的實現和生活水準的提高過程中，但由於其自身機能的運作不善和矛盾，社會體系一直存在某些不穩定因素。同時，未來主要的財政預算將用於建立穩定的老年福利體系，因為中國的高齡人口比例將從目前的七%提高到二〇二五年的二〇%（即三億人口）；而撫養比在二〇一五年為四〇%，但到了二〇三〇年將變成五〇%。要達到保持經濟成長速度的目標，創新勢在必行，但在科技研發以及促進生產力最大化方面的投資還需要大幅提高。創新可以在中長期發揮作用，但從短期來看，無法真正解決由龐雜的人口所帶來的社會問題。政府應設法提高經濟管理水準，並且正視社會危機。

自九〇年代以來，中國表現出一定程度的開放：對一些批評聲音表現出一定程度的容忍，比如SARS風暴；法律優先權得以強調，尤其是在反貪腐方面。

整體說來，儘管中國在可預見的未來很可能無法實現「真正的民主」，但面對不同意見的態度將變得更為開放，與公民社會的主要個體之間的關係將更為密切，其中包括商界、非政府組織（如環境保護組織）等。不過從中短期來看，鞏固中國共產黨執政地位的最好方法仍然是保持經濟的快速成長、使市場經濟體制更完備，以及努力尋求解決社會與經濟問題的有效方法。中國可能會發展為「溫和專制」國家：由唯一的政黨領導，體制可能與新加坡類似。如果中國能夠繼續保持經濟成長和政治穩定的話，解決內部問題和擴展外部影響的能力將不斷增強。

二、中國與世界

1 戰略前景

在中國對外關係的諸多原則中，「不容干涉國家內政」是最為重要的一條，也是中國對整個世界秩序持有的根本態度。中國一直提倡「國際關係的民主化」（與西方國家所強調的國家內部民主化相對應），反對霸權主義和強權政治，推動世界多元化發展。而所有的外交路線都在實質上對美國此一超級大國在國際事務中的專斷態度提出了挑戰。

中國特色的發展模式對許多開發中國家產生了強烈的吸引力，它們將中國視為擺脫西方國家影響和控制的有效途徑。另外，對多邊主義和聯合國權威的支持也有助於中國和其他國家對抗美國外交政策中的單邊主義。整體而言，中國的對外政策旨在保障區域穩定，並透過靈活而平穩的對外經濟政策逐步加大對外的影響力。中國善於透過一些溫和的字眼來描述國家實力的提升，國家主席胡錦濤關於建構和諧國際社會的倡議就具有相當的可信度，當然，前提必須是保障中國的國家利益。此一倡議以共識和中立為基礎，並要求中國與世界上許多國家加強連繫，其中不僅包括政局動盪的國家（如伊朗、蘇丹、辛巴威和委內瑞拉），還包括歐洲和一些亞洲國家。

2 三大決定性問題

(1) 中國實行的多邊合作策略是出於經濟考慮還是政治信念？

此一問題在短期內還無法找到答案，因為中國所有的對外政策其實都是兩者的混合，但從長期來看，分辨兩者的區別非常重要。中國加入一些結構較鬆散的多邊合作組織，主要以經濟合作為主；但中國排斥加入制約力較強的組織，除非可以從中獲取明顯的利益（比如世界貿易組織）。這種舉動可能與西方國家施於某些政權的制裁政策相牴觸，因此我們可以設想，隨著自身實力的不斷提高，中國是否會在安全、能源、環境以及貿易等領域擔負起更多的責任？換句話說，中國是否會成為全球化治理過程中的相關個體，而不是簡單的「管理者」？

(2) 中國將成為超級大國，還是「改革」參與者？

身為世界最具潛力的個體，中國在未來會接受已由美國和歐盟設計好的各種機制與政策（其中不僅包括貿易法規，也包括民主和自由的各項原則）？還是與之保持距離？但我們有理由相信，憑藉其自身的規模以及文化獨特性，不管中國願意與否，它都將變成一個超級大國。

(3) 「具中國特色的道路」將通向何方？

儘管中國超級大國的地位還未完全確立，但可以確定的是，中國未來的道路將具有鮮明的中國特色。不管是美國、歐盟，還是世界其他國家，各國的發展都是基於自身的國家利益，因此單一國家很難對世界產生根本性的影響。但世界結構的演變作用可能逐漸顯現，如各國之間的依賴程度將有所加深，符合各國共同利益的問題將進一步得到重視（如環境、能源等問題）。中國清楚地知道，在國家實力增強的過程中，由於內部基礎並不牢固，合作因此成為有利的發展途徑。在未來，中國有可能因此擴大制度改革，並在經濟發展的同時，努力維護自身的政治利益。

3 區域問題

中國加強與鄰國之間的連繫，並推動大量有利於區域一體化的計劃。此一變化對於研究中國對外政策的大致方向、關注點和矛盾之處來說是很有價值的。一方面，此一政策表明了中國在區域問題上的堅定立場，尤其是在與越南、韓國和印度（與印度的某些糾紛很有可能順利解決）的邊界問題上。另一方面，中國一直積極尋求加入區域性組織，並參與各種合作協議。「東協十加三」以及二〇一〇年建立的「中國—東協」自由貿易區（東協加一）就是典型的例子。由中國大力推動的東亞高峰會於二〇〇五年十二月舉行，與會國家包括了東協十國與中國、日本、韓國、紐西蘭、澳洲和印度等十六個國家。

同時，中國透過增加自由貿易協定的方式加強與各國間的雙邊貿易關係。其中與巴基斯坦和泰國已簽訂協定，與澳洲及紐西蘭的談判也在進行中，與印度和韓國的合作則正在計劃中。這些都證明了中國正在深化其區域戰略關係，並且也已開始在經濟上產生巨大影響。

第八章 印度

印度是一個充滿矛盾的國家。印度民主的基礎為思辨和論證，社會經濟的發展也有許多不平衡的地方。今天的印度占全球資訊科技外包服務總量的二五%，但經濟發展主要依靠的還是農業，農業貢獻了二二%的GDP，所僱用的勞動人數占勞動人口總數的五五%。印度的中產階級（約有一億五千萬至兩億人）積極要求參與全球化進程，但也有三分之一的人口（約三・六億人）每天的收入低於一美元。在這個國家中，男性的識字率僅有七〇%，而女性還不到五〇%，但同時它也擁有三十萬名技術工程師，每年還有約十萬名博士生從印度的三百八十所學院和一千五百所研究院中走出來。

以上這些矛盾其實不足為奇，因為印度是一個由二十八個「邦」以及六個聯邦屬地所組成的複雜聯邦國家。各邦在語言、財富、人力發展、政治力量、民族認同和宗教等各方面都存在著差異，這樣一個人口超過十億的巨大聯邦國家不僅成功地建立並保障了民主政體，還在近十五年內打開了經濟發展的大門，GDP也比過去成長了一倍以上，實在令人敬佩。在未來二十年內，印度的經濟成長將以平均每年六%至八%的速度遞增，印度也將因此成為世界第四大經濟體，僅次於美國、中國和日本。

一、內部問題

1 政治與社會穩定

要想長期保持高經濟成長率，印度在未來二十年內必須設法克服以下的問題：人口將再增加三．五億人；四〇%的天然氣和八七%的石油將依靠進口（印度的煤礦仍然可以自給自足）；在交通、衛生、教育等重要議題必須再投入一倍或兩倍，甚至更多的人力與財力。我們應該關注的是，印度經濟成長的成果是否能用於造福民眾，是否能長期保持穩定的開發中國家水準。從政治層面看，政府管理的開放程度越來越高，這對未來印度民主的發展有著非常積極的意義。在經歷了幾十年國家分裂的衝突和壓力之後，印度開始將經濟、財政和政治權力轉移至地方政府，從而大量減少了暴力事件，並為地方自治開闢了新方向。在印度這樣一個種姓制度鮮明的國家裡，一場「悄無聲息的革命」正在進行：傳統上遭到邊緣化的階級和部族，其政治參與率超越了更高級的階層，由它們形成的新政治組織已經在聯邦的某些大邦中成功占據了一席之地。「種姓政治化」為地位較低的階級爭取到更多的政治權利，也形成印度政治體系的新一波「民主化」浪潮。

經歷二〇〇二年古吉拉特邦（Gujarat）印度教徒與穆斯林之間的衝突後，印度已經逐步鞏固國家的安全與穩定；但在未來幾十年裡，仍有兩個問題可能對印度的社會團結形成威脅：首先，地區間的貧富差距將日益增大，國家內部的投資也只集中於幾個中心大都市，因此內部的人口遷移將加重原本就人滿為患的各大城市負擔，並且可能造成不同民族團體之間的利益衝突。其次，穆斯林（約有一億三千萬人，占總人口的一二%）仍將處於印度政治和社會的邊緣位置，教育和就業水準都未得到改善，政治權利也無人聞問，這樣始終遭到邊緣化的現狀將有可能催生政治和宗教層面的極端主義思想。整體說來，印度未來最大的目標是要透過經濟改革加強社會凝聚力，創造經濟的可持續發展條件。目前印度面臨的主要挑戰是人口膨脹、衛生與教育系統的不完善、城市人口過多、基礎建設落後，以及能源依賴程度過高。要克服這些困難，必須重塑印度的行政體系，因為當前的模式已經越來越無法適應公共服務（如教育和衛生）部門的需求。

2 人口、經濟成長和投資

由於出生率高，人口壽命也有所延長（到二〇二五年將達到七十歲），到了二〇二五年，印度人口將與中國不相上下，並有可能在此後的十年內超過中國。與中國及已開發國家相比，印度的優勢在於人口年輕，二〇二五年時，人口的中間年齡將只有三十．四歲，到了二〇三五年，也還不到三十四歲，而高齡人口的依賴程度很低。六十五歲以上的人口將增加一倍，二〇二五年時將達到八千萬人，但仍僅占其人口總數的六%。印度擁有世界上最大的青年人才庫（有一半的人口年齡低於二十五歲），在世界未來五年的勞動人口成長中，印度將占約四分之一。目前印度的勞動力成長為每年七百萬人，到了二〇二五年時將達到每年一千五百萬人。這意味著未來需要二億至二億五千萬個工作機會，才能充分吸收所有勞動力。但像資訊科技、生物技術以及醫藥這些為印度經濟帶來最多價值的部門並不能創造多少就業機會，因為它們恰恰是對勞動力需求最小的部門——在目前的四億名勞動者中，僅有三千萬人在資訊科技部門工作。

此外，印度勞動力成本的低廉將吸引越來越多的製造業投資者，從而對中國「世界工廠」的地位形成威脅。印度的跨國企業在國際舞臺上也越來越活躍，如印度塔塔（Tata）鋼鐵收購英德合資的哥魯斯集團（Corus）；而印度鋼鐵大王米塔爾（Mittal）併購了歐洲最大的鋼鐵集團安賽樂（Arcelor）之後，安賽樂米塔爾鋼鐵集團（Arcelor Mittal）更成為全球規模最大的鋼鐵製造集團。不過，面對人口成長帶來的巨大挑戰，印度的工業生產規模仍然不足。工業僅占印度GDP的二七％，服務業則占了五〇％。為了快速推動工業發展，印度實行一系列經濟改革措施，尤其是增加勞動立法的靈活性，取消了某些工業部門享有的特權。當然，要讓未來經濟持續快速發展，印度首先應該重視的是社會層面的投資。

在印度，僅有六〇％的年輕人受過中等教育（而且有三億成年人是文盲），而僅有五％的年輕勞動者接受過職業訓練。而且，雖然印度擁有數量眾多的高學歷者和工程師，但他們之中真正能在國際市場上擁有競爭力的僅有一〇%至二〇%。中國的科學家和工程師數量占全國人口的比例是印度的三倍。高品質的人力資源是研發領域非常重要的競爭條件，因此印度必須增加對教育（預算至少應為目前的兩倍）和研發的投資，而社會經濟和投資環境也需要有所改善，其中首要的就是衛生部門。在印度僅有三五%的居民可以享受基本醫療保障，而且貧富差距和城鄉差異相當明顯。傳染病是影響印度發展的重大問題：每年都有二百萬例新的瘧疾病例；二〇〇〇至二〇一五年，愛滋病所造成的死亡人數將達到一千二百三十萬人。因此，用於醫療衛生部門的投資將在未來二十年內增加三倍。

由於交通基礎建設的欠缺，印度未來的經濟成長可能受到很大的影響。因此印度政府計劃對此一領域進行大規模投資，預計將在未來的十至十五年內達到一千五百億至二千億美元。這些投資必不可少，因為在二〇〇〇至二〇二〇年間，印度的貨運量將增至目前的五倍，客運量為目前的四倍。基礎建設方面的壓力在城市地區將表現得更為明顯，因為它們的人口將在二〇二五年達到五億五千萬人，即總人口的四〇%。在印度將有六十多個城市的人口超過一百萬人，有四分之一的城市居民沒有醫療保障，公共及私人投資也僅局限在幾大經濟中心。此外，有五六%的印度家庭還沒有電力可以使用，斷電也是經常發生的事情。

3 能源依賴性增強

能源依賴將是印度未來面臨的關鍵問題之一。到二〇二五年，印度的能源需求量將成長一〇九％，天然氣和石油的進口量將大幅上升。石油占印度整個能源消耗量的三分之一。八〇年代，印度國內石油產量提供了一半的需求，但在今後的十年中大概只能滿足一〇％。目前對印度提供石油的有四個國家，占印度石油需求約六二％，分別是沙烏地阿拉伯、科威特、伊朗和尼日。天然氣消耗量將激增一九〇％，新天然氣蘊藏量的發掘將可以滿足印度一半的需求。政治和地理壓力將使得印度從現在到二〇三〇年間，增加對液化天然氣的投資。到了二〇三〇年，液化天然氣可以滿足印度二七％的能源需求，而天然氣進口主要將來自中東地區（尤其是卡達、阿曼和葉門）、澳洲和馬來西亞。煤仍然是最主要的初級能源，大多用在電力生產，到二〇三〇年，火力發電將提供六四％的發電量。由於石油和天然氣價格居高不下，印度在相當程度上仍然依靠煤炭，而用於改善火力發電廠的投資也將相當可觀。而且印度的煤蘊藏量非常豐富，占全球蘊藏量的一〇%。

印度的發電量已經無法滿足需求。到二〇二五年，電力需求量將超過目前需求的三倍以上，意思是生產量必須增加五至六倍以上，從二〇〇五年的一千二百四十億瓦增至二〇三〇年的七千七百八十億至九千六百二十億瓦。隨著能源需求的不斷成長，將有大量投資用於發展可再生能源和核能，而到了二〇三〇年，用於增加發電能力的年投資量將超過GDP總量的二%。

為了降低能源依賴程度，印度實施了一系列策略，大致可分為四部分。首先，印度計劃增加核能在電力生產方面的比重——目前擁有十五個核反應爐，未來將建設八個新的反應爐。到了二〇五〇年，核能發電量將占總發電量的二〇%至二五%。不過由於鈾蘊藏量有限，未來印度不得不到國際市場購買鈾，或者尋求新的科學方法以解決核燃料更換、再處理問題以及釷元素的使用問題。

另外還有一些旨在減少化石燃料進口的措施，其中主要包括大力發展生物能源，像巴西那樣增加對綠色燃料生產的投入。而且印度也將出口國內所開採的天然氣和石油，同時與周邊鄰國簽訂雙邊協議以保障長期的能源供應。除了印度與伊朗之間經巴基斯坦的輸油管計劃之外（該計劃遭到美國的強烈反對），印度還於二〇〇五年與伊朗簽訂液化天然氣供應協議，自二〇〇七年開始連續二十五年向印度出口液化天然氣，此外印度的天然氣也將自緬甸和孟加拉進口。印度企業在緬甸有相當鉅額的投資，主要用於開採新發現的礦藏；而孟加拉的已知天然氣蘊藏量已達到十四兆立方公尺。

二、對外政策

能源安全政策只是印度在國際地位上升後必須重視的對外政策之一。想要在世界舞臺上扮演重要角色，印度在國際關係中必須有一個準確的定位。自從獨立以來，印度的國際行為影響力受到以下因素制約：分裂主義、與巴基斯坦的敵對關係，以及在冷戰期間與蘇聯的緊密連繫。但隨著冷戰的結束以及印度經濟逐步融入全球化，上述這些制約因素已不復存在。印度政府的對外政策也有所發展：摒棄傳統的不結盟戰略，取而代之的是更為實用的外交手段。印度與所有世界大國、周邊鄰國以及部分亞洲區域組織都建立連繫，雖然理論上推崇多邊主義，但實際上，印度卻對歐盟的某些倡議表示反對，比如在限武議題上，印度就明確反對國際刑事法庭以及《渥太華禁雷公約》[27]。

1 印度和美國：戰略夥伴關係誕生？

印度一直渴望擁有大國地位，尤其是在傳統的軍事和經濟力量方面。總體而言，印度承認美國在可預見的未來仍將繼續保持世界第一大國的地位，並繼續從中獲取利益。根據美國皮尤公眾與媒體研究中心（Pew Research Center）[28]二〇〇五年的問卷調查顯示，對美國有好感的印度人比例從二〇〇二年占總人口的五四％提高到二〇〇五年的七一％，這和參加調查的絕大部分國家趨勢相反。在與美國的關係中，印度的政治資本開始發揮明顯作用（尤其是由穩定的民主政體所產生的「民主紅利」）。二〇〇四年，美印雙方就未來的戰

27 一九九七年九月，國際禁雷會議於挪威奧斯陸舉行，同年十二月，一百二十一個國家代表於加拿大渥太華簽署了禁雷公約，宗旨為立即並全面禁止地雷的使用、發展、生產、取得、保留與轉讓，並要求四年內銷毀所有現存的地雷、十年內掃淨現存的雷區等。該公約於一九九九年三月一日生效。

28 美國的獨立性民調機構，總部位於華盛頓特區。

略夥伴關係簽訂了協議，其中涉及航空、科技以及民用核能等多方面的合作計劃。雙方在二〇〇五年六月簽訂的軍事戰略合作協議，以及二〇〇七年簽訂的核能合作條約，則可以彌補印度因拒絕加入核不擴散協定和完全禁止核子試驗條約所造成的損失。

根據美印協議的相關條款，核供應國可能取消對印度的禁運措施，從而便利印度進口鈾礦，並擴大印度的核子進口選擇範圍。同時印度可能將整個民用核能設施都置於國際原子能機構的保護之下，並支持禁止核武條約。不過印度的具體軍事設施數量仍然無法得到核實。美印的相關協議將可能產生重大影響，最明顯的是為印度打開了廣大的西方（以及俄羅斯）核工業市場，並且減少對鈾的需求量。但另一方面，該協議也將增強印度的軍事實力，從而對巴基斯坦造成威脅，並有可能影響中國現有的核子戰略。此外，美印協議也會對核不擴散條約的未來造成影響。協議中認為，印度並非「核擴散國」，發展核武器從長期來看是有利的。美國採取的這種雙重標準將造成某些國家的不滿，迫使這些國家退出核不擴散條約，並發展自己國家的核能。

分析美印核子協議時，應將該協議放在新德里與華盛頓之間外交關係的背景之下。從戰略意義上說，印度的支持有利於美國平衡正在崛起的中國力量，並防禦南亞不斷膨脹的宗教激進主義勢力。在此同時，印度自身的軍事現代化速度也得以加快：發展海底艦隊、獲得一艘俄羅斯的航空母艦、新型的彈道計劃，並與以色列簽訂軍備協定，還從美國購得F-16和F-18戰鬥機。美國與印度的戰略合作僅僅是個開始，美國還將增加對印度的支持，以期實現整個亞洲地區的戰略新平衡。

2 地區情況

如果說印度與美國的戰略關係還算堅固的話，那麼它與其他夥伴國家之間的矛盾則相對較多。印度將美國視為安全保障，特別是在與巴基斯坦的關係以及進行雙邊協商時。同時，美國的支持也是它保持世界大國地位的重要因素。二〇〇四年，印度與巴基斯坦終於開啟和平談判，雙方為加強經濟、政治和文化交流採取了大量措施，並就徹底解決邊界問題展開會晤。印巴兩國已經意識到，面對恐怖主義、人口膨脹以及能源安全等諸多挑戰，繼續彼此之間的衝突是不明智的。

在地區政策方面，印度試圖盡量擴大影響，與西部的巴基斯坦取得互信共識之後，印度的政策重心逐步向東轉移，進行所謂的「海嘯外交」，即印度在南亞海嘯發生後，對其他受災國進行援助，並派遣艦隊參與印尼的救援工作，所有這些舉動都在傳遞重要的政治資訊。從國際機構來看，二〇〇四年的第三次「印度—東協高峰會」旨在推動和平、進步與繁榮，計劃建立一個包括汶萊、印度、印尼、馬來西亞、新加坡和泰國在內的自由貿易區，並在二〇一六年時擴大至緬甸、柬埔寨、寮國、越南和菲律賓。此外，印度還在二〇〇五年特別與新加坡簽訂貿易合作協定。二〇〇六年，南亞區域合作聯盟所簽署的自由貿易協定生效，南亞自由貿易區正式形成，不過南亞自由貿易區的經濟影響力在短期內還無法顯現，因為該區域中幾乎所有國家的經濟實力都相對較弱，它們在國際貿易中的比重微乎其微（整個南亞自由貿易區的貿易量僅占全球的一．一%，如果除去印度，則只有〇．四%），且各國的保護主義相當盛行，因此自由貿易區更重大的意義應該是在體現各會員國之間的相互信任，而沒有真正達到推動經濟發展的目的。不過印度最近開始利用南亞區域合作聯盟的架構推進其能源政策，目的在於盡可能地滿足日益成長的能源需求。孟加拉、印度、緬甸、斯里蘭卡和泰國組成的經濟合作組織是印度加強地區管理的最新表現。各種機構力量的愈形穩固大大促進區域間的貿易成長。從二〇〇四年開始，「東協十加三」成為印度最大的貿易夥伴，占貿易總量的二〇％；歐盟緊隨其後，占一九％；美國則是印度最大的貿易夥伴國，光是二〇〇四和二〇〇五年就占印度貿易總量的一一％；中國則是印度的第二大貿易夥伴國，同樣在二〇〇四和二〇〇五年，中印貿易量便劇增八〇％。

3 印度和中國：從戰略合作到持續夥伴關係？

中印兩國的經濟連繫日益緊密，政治對話也有所增加。兩國可能在未來發展成夥伴關係，在不斷改善經濟關係的同時，將某些暫時無法解決的政治問題放在一邊。中印關係的未來走向很難預測，雙方在短期和長期遭遇的阻礙有所不同。從目前情況來看，兩國還沒有累積足夠的信任，還無法結合成結構性戰略夥伴。因此，現在兩國在印度洋地區的影響力、貿易途徑以及能源供應的安全性等方面所表現出來的競爭要多過合作關係。中印兩國在東南亞地區的貿易、經濟和文化滲透也同樣具有這樣的特點；此外，美國也在兩國關係中扮演著重要角色。美國將在亞洲地區繼續其平衡戰略，許多新的雙邊協議都旨在限制中國的崛起。而且從二〇〇五年開始，印度和日本在政治、經濟及軍事等各方面展開了密切合作，這一舉動至少有部分目的是為了制約中國在該地區的影響。

但從中長期看，這兩大崛起的國家很有可能達成戰略聯盟。二〇〇五年中國總理溫家寶訪印期間，已經有人建議建立能讓兩國和平繁榮的戰略夥伴關係。除此之外，中印兩國的經濟合作也發展得非常迅速。中國目前已經是印度第二大貿易夥伴，如果進展順利的話，將在不久之後成為第一大貿易夥伴。從二〇〇七年開始，兩國貿易量已達二百億美元，而二〇〇〇年的貿易量僅為二十億美元。蘇丹和伊朗兩國共同實施能源開採計劃；印度獲得了上海合作組織[29]觀察員的身分；在中亞地區建立中印合資企業的計劃也在討論之中。區域間合作的增強以及經濟互補性的存在，有利於促進區域一體化的發展和夥伴關係的建立。中國與印度的共同目標是擺脫目前由西方國家所制定國際社會準則的束縛，按照自己的模式和文化傳統向前發展。儘管目前兩個亞洲大國還沒有形成戰略關係，但從長期來看，這種可能性不是沒有。

29　上海合作組織成立於二〇〇一年，成員包括中國、俄羅斯、哈薩克、吉爾吉斯、塔吉克和烏茲別克，宗旨在加強各國之間的互信及各方面的廣泛合作。

第九章　拉丁美洲地區

拉丁美洲從現在到二〇二五年的發展狀況主要取決於以下三大因素：內部政治、與美國的關係，以及融入全球化進程的能力。拉丁美洲與美國的關係在這段時期內將不會有太大的改變。根據某些預測，到二〇二五年，亞洲人口將占全球總人口的五八％，非洲人口占一七％，而拉丁美洲及加勒比海地區人口則只占八．五％。人口數量的相對穩定或許有利於該地區的政治穩定和經濟成長。而且其地理位置相對優越，與世界主要的衝突發生地都相距甚遠。但儘管有以上幾大優勢，拉丁美洲在未來仍將面臨許多經濟和政治層面的挑戰。

一、地區問題

1 經濟

拉丁美洲地區有兩大人口聚居區：目前人口為一億八千八百萬人，到二〇二五年將達到二億三千萬人的巴西，以及目前人口為一億零七百萬人，到二〇二五年將達到一億三千萬人的墨西哥。兩國的發展方向將有所不同。從現在到二〇二五年，墨西哥經濟將逐步向北美地區靠攏，主要是由於貿易量的不斷攀升以及持續不斷流向美國的移民所導致；巴西則將成為獨立的政治經濟體，並不斷發展與鄰國之間的關係；安地斯山脈地區也是一個利益中心，其能源蘊藏量相當豐富；另外在最南部的智利，經濟也將有較快發展。

該地區在二〇〇五年和二〇〇六年經濟的高速成長（分別成長了四．六%和五．五%）主要依靠的是原物料價格的飛漲，但僅憑此一數據還無法推斷該地區經濟是否有持續高速發展的潛力（八〇年代該地區的平均成長率為一．一%，九〇年代則為三．三%）。根據目前的預測，該地區在二〇二〇年之前的經濟成長率約為三%，遠低於亞洲新興經濟強國的水準。不過委內瑞拉在石油價格飛漲的過程中收穫頗豐，該國二〇〇四年的成長率為一七%，二〇〇五年為九．三%。拉美地區的軟硬體建設都需要加強：與其他發展中地區相比，過去十年內，拉美地區在這一方面幾乎沒有什麼改善。拉丁美洲的基礎建設（交通、電力、電信）在八〇年代還有很高的水準，但此後的發展卻逐漸落後經濟高速成長的國家（如韓國），甚至還落後平均國民所得低得多的中國。目前拉美地區用於基礎建設的投資還不到GDP的二%，如果想在未來二十年內趕上韓國的水準，至少要提高到四%至六%。基礎建設方面的投資可以刺激經濟成長，減少不公平現象，但公共權力也將大量參與其中，以鼓勵私人投資。

南美地區是外商直接投資的主要目的地之一，在二〇〇五年全球流向開發中國家的外商投資總量中，南美地區就占了二六%，即六百一十億美元。在全球獲得外商直接投資的十大開發中國家中，巴西、墨西哥和智利皆榜上有名。外商投資主要用於製造業和能源出口國的礦業生產。該地區擁有豐富的礦物和生物能源，農業和礦產部門在全球也都具相當競爭力。不過該地區的經濟多元化水準還相當低下，許多國家的經濟都僅依靠原物料出口。國際上——尤其是中國——對該地區礦產的需求不斷增加，也使得這些國家的依賴程度越來越高。

2 能源

拉丁美洲的能源產量占世界總產量的九%，其中石油產量占一五%（其中一半出口），天然氣占七．五%。該地區擁有全世界石油蘊藏量的九%和天然氣蘊藏量的四．五%，將在未來已開發國家和新興經濟強國的能源戰略中扮演非常重要的角色。不過，不同國家和區域的情況有所不同。委內瑞拉擁有大量石油和天然氣，除了擁有六一%石油蘊藏量（但不包括焦油砂）的中東地區外，委內瑞拉的已知石油蘊藏量是最多的，占六．六%，高於俄羅斯的六．二%。如果加上該國豐富的焦油砂蘊藏，委內瑞拉的能源潛力將更為巨大。另外，墨西哥擁有世界原油蘊藏量的一．一%，巴西擁有一%，厄瓜多爾擁有〇．四%，阿根廷擁有〇．二%。在天然氣方面，中東地區和俄羅斯的蘊藏量分別占四〇%和二六．六%，委內瑞拉占二．五%。其他拉丁美洲國家的天然氣蘊藏量雖然較少，但對各國來說依然重要：玻利維亞有〇．九%，阿根廷、千里達有〇．三%，巴西和祕魯有〇．二%。

在能源方面，該地區表現得就像一個整體：一部分國家的能源可以自給自足（如委內瑞拉、墨西哥和玻利維亞），而無法自給自足的國家也只能單純依靠本地其他國家的能源供應。

對拉丁美洲能源的爭奪將越來越激烈：美國已經計劃增加進口該地區的能源；中國也增加了能源投資，並大力推動合資企業在該地區的發展，特別是在委內瑞拉、祕魯、阿根廷、厄瓜多和巴西。巴西是該地區能源部門的主要行為者之一，也積極參與玻利維亞和阿根廷能源開採和分配過程，巴西的經濟實力是未來南美能源市場的決定因素，此外巴西也是世界第一大乙醇生產國，並將成為該燃料主要的出口國之一。

能源價格的上漲與該地區某些國家能源政策的改變同時發生，國有石油公司開始監管能源開採工作（特別是在委內瑞拉、玻利維亞和厄瓜多）。在委內瑞拉，能源重新國有化已經成為一種趨勢，玻利維亞和厄瓜多也已將能源國有化列入議事日程。如果這樣的能源政策長期實施下去的話，這些國家的經濟發展將受到嚴重阻礙。為了滿足能源進口國的需求（尤其是美國和巴西對天然氣的需求，以及中國的能源需求），該地區能源部門的投資量將大幅成長，用於改善能源基礎建設的投資額在未來二十年裡將達到十億美元。能源部門的自由化對吸引國際投資和增強國內生產力都至關重要。

3 政治演進

冷戰時期對於拉丁美洲來說相當灰暗，美國的干涉主義充斥著整個地區。從九〇年代開始，情況有所改變，主要國家轉型成為民主國家，自由和人權逐漸得到尊重。二十一世紀初期，阿根廷、巴西、哥倫比亞、墨西哥和祕魯等國都成功進行選舉，從而進一步鞏固它們的民主政體。當然，目前拉丁美洲的民主轉型進程還不夠穩定，我們還無法判斷民主化最終是會順利建立還是會功虧一簣。

拉美民主面臨兩大主要挑戰：社會不公與政治暴力、組織犯罪和恐怖主義。貧富之間的差距將越來越大。拉美地區總收入的的四〇％至四七％集中在一〇％的人手上，而最貧窮的二〇％人口所擁有的財富還不滿二％。貧困現象在拉美社會中相當嚴重，該地區的貧困人口占人口總數的二四．六％（其中墨西哥、中美洲和安地斯山地區的貧困人口占三〇％，南美地區為一九％）。一些負責任的民主政府會為縮小貧富差距和擴大中產階級做出一定的貢獻。巴西就是一個很好的例子，前總統魯拉（Luiz Inacio Lula da Silva）採取的自由經濟和社會保障政策有利於推動經濟成長和減少不公平現象，使得窮人的收入得以從占總收入的九・八％增加到一一・九％，而富裕階層的收入則從占總收入的四九・五％降至四七・一％。拉美地區許多政權都試圖進一步縮小貧富差距，雖然效果不見得理想，但整體說來，該地區民主實踐的不斷進步將有助於減少社會不平等現象、強化公權力，從而促進國家的穩定發展。

民主所遭遇的另一大困難就是與組織犯罪和政治暴力之間的抗爭。民主政體的強化不僅要求對上述危機採取行動，同時也要求清除社會上的貪腐現象。毒品交易是該地區大部分國家都存在的問題，在未來能否完全得到解決也還不得而知。一方面，國家政策和來自美國的反毒品援助（二〇〇五年美國在這方面的投資高達七・二五億美元）取得了一定的成果：安地斯山脈地區的古柯鹼產量有所下降，從一九九六年的九百五十公噸降至二〇〇四年的六百四十五公噸。但另一方面，某些令人擔憂的趨勢也開始出現：古柯鹼的運輸管道轉向歐洲，祕魯和玻利維亞的古柯種植量有可能增加，而一些犯罪集團在毒品販賣和洗錢等方面則更加專業化。

許多大城市中的毒品交易和其他非法交易是國家和地區政府面臨的一項重大挑戰；但在應對恐怖主義和國家內部動亂等問題上，拉丁美洲的情況比較樂觀。該地區的恐怖主義與中東地區的長期衝突沒有關連，它針對的主要是該地區自身的問題。恐怖攻擊主要是由革命運動引發，隨著警力、軍事和政治措施的不斷深化（其中還包括有美國參與的反對毒品和恐怖主義的戰爭，特別是在哥倫比亞），該地區近幾十年來的恐怖主義現象有日益減弱的趨勢。大部分維護原住民利益的激進運動組織都開始選擇用和平抗議的方式解決問題，比如墨西哥的薩帕塔民族解放運動（Ejército Zapatista de Liberación Nacional, EZLN）[30]。

從這樣的發展趨勢來看，二十年後，拉丁美洲的政治將極可能不再受到恐怖主義的威脅，但地區暴力衝突卻有可能更為嚴重。民主政府無力保障國民安全的事實在巴西表現得非常明顯，該國目前的犯罪死亡率相當高（平均每十萬居民中就有二十八・三人死於謀殺），巴西在一九九七年因暴力事件造成的損失就高達GDP的一〇・五％、在哥倫比亞則占GDP的二四・七％、薩爾瓦多高達二四・九％、墨西哥為一二・三％、祕魯為

30　是位於墨西哥最南端恰帕斯州（Chiapas）的武裝組織，以捍衛原住民（印地安人）權益為主。

五・一%、委內瑞拉為一一・八%。根據世界銀行的估算，祕魯的恐怖主義活動累計已造成了二百億美元的經濟損失。貧困和城市人口失業是造成暴力事件的主要因素，這代表著拉丁美洲正面臨嚴重的管理和發展問題。經濟成長需要有一個健康的經濟環境以吸引私人投資，同時也需要大量社會政策，以減少不平等現象和抑制暴力行為的蔓延。

二、對外關係

1 與美國的關係與地區建設

拉丁美洲地區無疑受到美國極大的影響。冷戰期間，美國在整個西半球具有絕對的政治權威，但在最近十五年裡，該地區的大部分政治事件都是在沒有美國直接參與的情況下進行的。從柯林頓執政之後，美國與拉美之間的經濟問題多於政治問題。北美自由貿易協定的誕生、一九九四年十二月墨西哥金融危機發生時美國的反應，以及同年召開的美洲國家高峰會等，所有現象都是華盛頓對拉丁美洲態度轉變的有力證明。

關於拉丁美洲，很多觀察家認為美國的這種不干預政策是可取的。小布希在二〇〇六年一月的一場演講中，對拉丁美洲地區隻字未提。如果華盛頓繼續將美國對外關係的重心放在亞洲（出於貿易考量）和中東地區（出於能源和安全考量），那麼拉丁美洲未來如果發生什麼問題，都不會是強大鄰國優先在意的事情。但也有另一種觀點認為，隨著美國的拉美移民日益增多，白宮迫於壓力，將不得不對某些拉美國家的內政給予關注。

自九〇年代中期開始，拉美地區一共誕生了三大國際貿易組織：北美自由貿易組織、南方共同市場（Southern Common Market）[31]以及安地斯共同體（Andean Community）[32]。這些組織架構使得原有的「美洲國家組織」更加完備。此外，還有兩大組織旨在加強跨大西洋對話：歐盟—拉丁美洲雙地區高峰會（Bi-regional Summit）、伊比利—美洲國家共同體（the Ibero-American Summit）。

31 巴西、阿根廷、烏拉圭、委內瑞拉和巴拉圭等南美洲國家的區域貿易協定。

32 成立於一九六九年，為拉丁美洲地區重要的區域經濟組織，總部位於祕魯首都利馬，會員國包括玻利維亞、哥倫比亞、厄瓜多爾、祕魯和智利。

由此可見，新的地區秩序隨時可能出現。祕魯和智利試圖與美國建立自由貿易關係的想法就遭到委內瑞拉總統查維茲的批評[33]，他認為應該在拉丁美洲內部重建區域性組織。查維茲希望以「政治邏輯」代替「地理邏輯」，以便左翼政府建立一個《美洲玻利瓦替代方案》（*la Alternativa Bolivariana de las Américas, ALBA*）[34]所說的「民眾聯盟」。不過雖然有以上思潮的出現，世貿組織杜哈回合談判也舉步維艱，但我們仍然可以預期拉丁美洲將在未來擴大與美國以及世界其他國家之間的貿易往來。另外，仿效歐洲一體化進程所進行的拉丁美洲地區建設計劃也將逐步推進。

不過，近年來大部分拉丁美洲國家雖然都已成為民主國家，但這一過程同時也伴隨著反自由主義和反美主義思潮的抬頭，美國不可能對此置若罔聞。許多拉美大國（委內瑞拉、玻利維亞、巴西、阿根廷、尼加拉瓜）都透過擴大引進其他大國的投資（尤其是中國）做為反美的主要方式。然而此一現象可能帶來意想不到的結果：從長期來看，亞洲

33　委內瑞拉因此退出安地斯共同體。

34　二〇〇六年，古巴、委內瑞拉和玻利維亞簽署《美洲玻利瓦替代方案》，用以對抗由美國所主導的「美洲自由貿易區」。主要內容包括逐步取消三國彼此的貿易障礙，以及醫療、糧食、能源方面的交流。

國家大量參與競爭將刺激美國經濟利益的成長，並且使歐盟對該地區的態度變得更加積極（在此之前歐盟只是將拉美地區視為一個市場，而不是一個區域整體）。

2 貿易與全球化

拉丁美洲經濟體幾乎都向全球化敞開大門，對國際貿易的融入程度也較高。二〇〇四年的區域貿易額僅占總貿易量的一六％。從目前來看，大部分貿易往來對象都是歐盟和美國。巴西在二〇〇四年的第一大貿易夥伴是歐盟，貿易額占巴西總貿易量的二三％，接下來則是美國（二〇％）和阿根廷（八．二％）。阿根廷的主要貿易夥伴是巴西（二三．四％）、歐盟（二一．一％）、美國（一二．七％）和智利（七．三％）。智利的主要貿易對象有歐盟（一九．八％）、美國（一三．九％）、中國（八．九％）和阿根廷（八．一％）。墨西哥的情況則較為特殊，二〇〇四年與美國的貿易量占該年貿易總量的七〇．七％，但居第二位的歐盟僅有六．九％，再其次的中國則只有四．一％。中國與整個拉美地區的貿易都很活躍，主要原因是龐大的自然資源需求量。光是二〇〇〇年至二〇〇四年這五年內，拉美地區向中國的出口額就增加了四倍。

二十年後，墨西哥經濟將更加依賴美國；巴西仍將透過與鄰國（尤其是阿根廷）良好的合作關係繼續扮演經濟龍頭的角色；安地斯山國家則將保持與以上兩國密切的經濟往來；歐盟將繼續與拉美主要國家加強貿易。不過目前還很難判斷委內瑞拉是否能夠靠其能源優勢保持經濟的持續發展。歷史的經驗證明，過度依賴能源出口對於能源富足的國家來說是弊大於利的。

從社會經濟角度來看，無論是「亞洲模式」還是「美國參與」，似乎都不能成為拉美發展的理想形式。無法複製「亞洲模式」是由於歷史、文化、社會以及政治等多重因素，而「美國參與」則已在九〇年代開始產生弊端——極端自由化及相關措施在某些拉美國家引起政治和社會危機。在未來，拉美可能應該對社會保障、法律至上以及民主實踐等方面更加重視，借鑑中國、印度、愛爾蘭或西班牙等國的經驗後，拉美國家應當找到一種適合自身的政治經濟發展模式。在不同的成功範例中，教育、投資以及開放都是必不可少的因素，拉美地區必須在極端自由主義和民眾主義、列寧主義之間找到平衡；總之，如果拉丁美洲能夠成功創造出自己的發展道路並堅持下去的話，未來的發展空間是無可限量的。

第十章　歐亞地區和俄羅斯聯邦

「前蘇聯」這一概念將在二十年後徹底失去意義。隨著時間的推移，從前曾經結合在一起的蘇聯十五國徹底分裂為幾個截然不同的地區：位於歐盟邊緣的東歐、與黑海緊密相連的南高加索地區和靠近中國和南亞的中亞地區，而俄羅斯則是這些地區的中樞神經。

一、歐亞地區發展趨勢

1 差異巨大的地區

歐亞地區並非一個真正的聯合體，它橫跨了許多支離破碎、各不相同的區域，這些地區在未來的二十年裡還很難緊密連繫在一起。首先，這些地區的國家在政治經濟結構上差異相當大：東歐國家（烏克蘭、白俄羅斯以及一些南高加索國家）實行民主政體和市場經濟；而中亞國家的社會和經濟模式則比較專制，一切服從於國家的統一管理。俄羅斯的市場經濟具有很強烈的國家干預色彩，這是因為該國「非自由」特色的民主政治模式所形成的。此外，到二〇二五年，歐亞地區的各個國家在政府管理和國家安全水準方面將大有不同。不管它們屬於何種政體如何，東歐國家的政府管理水準將遠高於中亞國家，在對外政策方面也大相逕庭。處於歐洲地區的國家（包括喬治亞、亞美尼亞和亞塞拜然）不斷向歐元區和北約組織靠攏，而中亞地區國家則逐漸轉向亞洲，尤其是中國，特別表現在貿易方面。俄羅斯九〇年代的對外政策偏向西方國家，到了二十一世紀則呈現多元化趨勢，大大增加與亞洲國家的貿易和政治連繫。

2 歐亞地區國家的政治沿革

儘管彼此之間有很大的差異，但歐亞各國仍將在以下四個方面遇到類似的問題：

(1) 國家建設

直到二〇〇七年，蘇聯解體後的各個國家都還沒有形成最終的身分認同：國界、憲法結構以及到底要採用聯邦、邦聯還是中央集權體制等問題都尚未確定。在喬治亞、摩爾多瓦、亞塞拜然和俄羅斯等國家，分裂主義和恐怖主義衝突時有所聞，局勢難以完全穩定。當然，到二〇二五年，這些衝突都可能已經找到了解決方法，但新的問題仍會產生，特別是在中亞地區。比如國家間的邊界問題，以及中央與地方的權力分配問題。在未來，歐亞地區國家的實力差距將變得非常大，有「最強大」的國家（如俄羅斯和歐洲國家）、「不夠穩定」的國家（如南高加索國家和哈薩克）以及「最弱小」的國家（中亞國家）。像塔吉克這樣的「衰退」國家也不容忽視。

(2) 政治體制

從九〇年代開始，國際社會開始認同這些國家，認為它們已經向民主政體和市場經濟轉型。不過在二〇〇七年時，這些國家的政體轉型進程卻不盡相同：白俄羅斯和塔吉克仍然頗具專制特色，而烏克蘭和喬治亞則成功邁向了民主政體。二十年後，歐亞國家的政體差異將更加明顯；白俄羅斯等國的專制政府可能垮臺，而中亞國家的領導人更迭可能導致社會動盪，甚至產生嚴重衝突。到了二〇二五年，烏克蘭、摩爾多瓦、喬治亞和亞美尼亞的民主政體將進一步深化，多黨制度和憲法結構也會有更好的發展。不過在某些國家，尤其是俄羅斯，其發展帶有很強的「非自由」傾向，尤其表現在對媒體的控制和貪腐現象的加劇。

(3)經濟挑戰

從現在到二〇二五年，歐亞大陸國家將遭遇很多現實的經濟問題。從一九九二年開始，這些國家的體制發生了翻天覆地的變化，尤其是經濟方面的私有化和結構改革。在二〇二五年之前，這些國家在發展過程中主要將面對三大問題：一、如何減少對自然資源的依賴。能源富足的國家應努力使經濟形式多樣化，避免只依靠能源部門帶來經濟成長；能源匱乏的國家應降低對外部資源的依賴程度，並加速發展服務業。俄羅斯、哈薩克、亞塞拜然和土庫曼等國家應該建立更加健全的經濟體制，而不是只重視能源的開發和出口。其他國家如亞美尼亞、喬治亞、白俄羅斯、烏克蘭、摩爾多瓦等，將尋找不同的能源進口國，避免像目前這樣過度依賴俄羅斯的出口。能源問題將使該地區既統一又對立：統一體現在國內與國際能源市場的流通方面；對立則體現在能源生產國和消費國之間的關係上。

二、改善該地區的投資環境，主要包括法律、對國外投資的保護措施以及反貪腐等方面。比如在二〇〇四年時，對俄羅斯的外商直接投資增加到九十四億美元，但淨資本支出僅有七十八億美元，因此歐洲復興發展銀行評價：「俄羅斯的外商投資總量約占GDP的六．五%，僅為歐洲經濟轉型國家平均水準的五分之一。」儘管投資環境有所改善，但到二〇二五年，該地區的外商直接投資仍將比較薄弱，也比較局限。

三、國家在經濟中所扮演的角色。根據二〇〇七年的統計數據，政府在國內經濟中的影響呈上升趨勢，尤其是在所謂的「戰略」部門，如能源部門。政府（特別是貪腐現象嚴重的國家）加強在經濟中的影響力可能造成極大的負面作用，比如個人對利益的追逐、外商投資受到限制，甚至對全球經濟形勢也會產生阻礙作用。

(4) 人口變化趨勢

歐亞大陸的第四大問題可能是各國內部的社會變革以及國家與公民社會間的關係。人口問題將尤其會為這些國家帶來壓力（就算原因和後果各有不同）。俄羅斯的人口數量將急劇下降（在二〇二〇年以前可能以每年一百萬人的速度減少），主要原因是出生率過低以及死亡率上升。相反的，中亞國家則會因為人口過度膨脹而導致一些嚴重的問題，比如幼齡人口數量激增。在南高加索地區和歐亞的其他國家（尤其是塔吉克），經濟型移民將為人口結構帶來很大的負擔。

3 不穩定因素

整體來說，到了二〇二五年，歐亞大陸國家將遭遇以下幾個方面的挑戰：

(1) 國家與社會之間的關係

從現在到二〇二五年，在歐亞大陸的歐洲地區和南高加索的部分國家中，國家體系與各團體之間的關係將越來越健全，而中亞地區國家對團體的控制則會更加嚴格。公民對參與政治的要求越來越強烈，這將在歐亞地區造成不同的結果：歐洲地區將變得越來越民主，但中亞國家和俄羅斯則會呈現出相對混亂的情況。公權力會根據自身實力大小對可能出現的社會問題採取措施。在這樣的背景下，國家與社會之間的關係非常緊張，修正主義也有可能對現存體制提出質疑。這種思想將在整個歐亞地區產生兩方面的影響：一是民族主義日益嚴重，二是中亞和俄羅斯聯邦的政治伊斯蘭主義越來越明顯。中亞的一些極端伊斯蘭運動組織可能引起大量流血衝突。要想徹底解決這樣的不穩定局面，該地區可能需要回到蘇聯解體初期由國家完全掌握權力的時代。

(2) 貧富兩極之間的關係

到二〇二五年，歐亞大陸的各個國家在經濟實力、人口數量、教育與衛生體系以及現代化程度等方面都存在有很大的差異。根據二〇〇五年世界銀行發布的報告顯示，自一九九八年開始，該地區的貧困程度有所降低，這主要得益於經濟的快速發展；不過貧困問題仍將是該地區很多國家的主要問題，其中甚至包括一些中等收入的國家，如俄羅斯、白俄羅斯、哈薩克等。貧困主要表現在地區經濟的差距不斷擴大，首都與首都以外的地區在生活水準和就業機會等方面的距離越拉越遠。該地區的國家大致可以分為兩種：一種是可能與歐元區建立緊密連繫的國家，這些國家在未來對於經濟與國家體系之間的關係可能可以達到較適合的平衡，力使教育系統和衛生基礎設施更完善（如摩爾多瓦、烏克蘭、俄羅斯、哈薩克、喬治亞）；第二種國家則處於另一個極端，它們正在日益貧困化，人口問題越來越嚴重，衛生和教育水準也比較低下（如吉爾吉斯、塔吉克和其他國家的某些地區）。這些貧窮國家可能為地區安全帶來威脅，尤其是當它們成為毒品等違禁品在國際非法運輸網路中的基地或中繼站時。

(3) 局勢緊張的地區

除去該地區已經存在的衝突點以外（尤其是在喬治亞），有分析認為，在二〇二五年以前還有可能出現新的緊張因素，這些不穩定主要是由於缺乏相關經濟政策、貧窮的普遍化、中央政府管理不力以及社會動盪等原因造成的，而這些因素將為某些國家和地區帶來許多意想不到的問題。在這些可能出現衝突的地區中，我們尤其應該關注的包括：北高加索地區、位於中亞的費爾干納河谷（Fergana Valley）地區以及塔吉克的某些地區。

二、俄羅斯聯邦發展趨勢

經歷了十多年的經濟倒退之後，俄羅斯在二〇〇七年表現出了前所未有的強大和自信。自一九九八年盧布大幅度貶值之後，俄羅斯的經濟復甦速度相當快。根據世界銀行的統計，俄羅斯的GDP成長率非常高，二〇〇三年為七．三%，二〇〇五年為六．四%。俄羅斯政府採取了穩定的總體經濟政策以及受到國際社會肯定的財政政策，並且調整了關鍵部門的結構。工業生產力也在九〇年代的衰退之後有了相當程度的復甦，工業的主要成長點是能源的生產和出口。俄羅斯擁有世界上六%的石油蘊藏量，主要集中在西伯利亞西部。儘管有很多不同的預期，但到二〇三〇年，俄羅斯的石油產量極有可能成長二一%，達到每天一千一百一十萬桶。俄羅斯同時也是世界第一大天然氣出口國，已知的天然氣蘊藏量高達四十七兆八千億立方公尺，目前產量為六千一百六十五億立方公尺。經過了九〇年代的政治動盪以後，如今俄羅斯的憲法和聯邦結構已經趨於穩定，更加強了行政權力和中央集權。

一些樂觀的預測認為俄羅斯可能在二〇五〇年G6的國家之列（包括巴西、俄羅斯、印度和中國），到二〇二五年，俄羅斯的GDP可能達到二兆二千六百四十億美元。當然，俄羅斯要真正實現上述目標，必須建立健全的總體經濟政策，採行穩定的政治機制，並且向外部市場和外商直接投資開放，並使教育體系更完善，而且任何一項都不是垂手可得的。

1 國家的演變

俄羅斯在崛起的同時將面對政治、經濟、憲政和社會等多個層面的未知數。

(1) 成為「非自由」的民主國家？

俄羅斯的政治體制充滿了不確定性。一九九九年以後，普丁透過恢復中央行政的「縱向權力」，使國家機器重新變得強大。他宣布：俄羅斯將實行一種符合該國特殊國情的「主權民主」。所謂的「主權民主」令許多外國觀察家相當擔憂，因為從理論上來說，俄羅斯的民主形式應包括正軌的選舉程序、獲得憲法保障的自由以及反對派的存在，但事實卻並非如此。俄羅斯式的「主權民主」呈現出以下特點：政治多元化程度不高、國家加強對媒體的控制、國家在體制方面獨斷專行，並且嚴加管制公民社會。在二〇〇六年，俄羅斯的政體開始表現出所謂的「非自由民主」特徵，即自由民主的形式與「非自由」的內涵。毋庸置疑的是，在經歷了葉爾辛時代的政治動盪之後，加強中央集權的普丁為俄羅斯帶來了不可或缺的穩定。但從長期來看，這種「控制下的民主」可能造成許多負面影響。從二〇二五年開始，這樣的集權國家和排外的社會形式將可能使修正主義抬頭，某些政治人物和思想將對已有的政治體制提出質疑。而俄羅斯最有可能面臨的威脅是狹隘民族主義的發展壯大。

(2) 加強集權

在憲政方面，俄羅斯將在未來二十年裡遭遇權力結構及不同地區權力分配上的諸多問題。根據憲法，俄羅斯由八十九個部分組成，其中有四十九個「地區」和二十一個「自治共和國」（按族群標準建立）。普丁採取了葉爾辛時期的政策：將中央權力分配到地方，但加強對地方選舉的控制，同時也加強中央行政權力。從某種程度上來說，中央權力的集中是國家穩定的主要原因，但並不是絕對的。

北高加索地區存在著很多隱憂：貧困現象嚴重、人口數量過多、政策實施不力、社會動盪加劇。俄羅斯的遠東地區形勢也不甚樂觀。在可預見的未來，俄羅斯中央政府與部分地區之間的關係仍將非常緊張，尤其是在北高加索地區。某些地區和共和國想要在經濟層面取得自主權是不可能的，尤其是那些擁有大量稀少自然資源的地區（如西伯利亞的一些地區）。此外，某些地區有意或無意地與鄰國（如中國）加強連繫，也可能導致中央與地方的關係緊張。

(3)經濟挑戰

俄羅斯的經濟發展前景具有很大的不確定性。由於經濟成長過分依賴能源生產和出口，俄羅斯政府將面臨很多問題。根據某些紀錄，石油和天然氣部門在二〇〇三年貢獻了二五％的GDP，但從事相關工作的人數僅占全國人口的一％。當然，雖然俄羅斯的經濟成長受到了單一化發展的影響，卻也在一定程度上降低了對初級原物料的依賴程度。不過俄羅斯領導人仍然希望深化結構改革，鼓勵對非能源部門（如工業部門）的投資和發展，

「穩定基金」因此在經濟多樣化方面扮演著至關重要的角色。此外，從長期來看，國家目前對能源部門越來越嚴格的控制將造成嚴重的後果，如貪腐現象的加劇、管理不善、政治色彩加重、生產力降低等。

如果國家控制程度過高的話，能源部門的進一步改革將遭遇阻礙。用於發展所有能源部門的必要投資（包括熱能、核能、煤、電、天然氣以及石油的探勘、開發和維持）預估從二〇〇三年到二〇二〇年將達到約七千一百五十億歐元。相對的，要容納這樣龐大的投資，俄羅斯的經濟必須夠開放、法律制度要更完善、消除歧視政策，並且使產權劃分更加清楚。建立健全的銀行體系對促進國內投資也有很大幫助。應該肯定的是，減少貪腐對推動整個俄羅斯經濟會有相當大的幫助。

(4) 社會問題

在二〇二五年之前，俄羅斯將面臨一系列社會問題，首要是人口問題。儘管有少量移民，生育率也有所提高（從每位婦女平均生育一．四人提高到一．五八人），但在未來二十年內，俄羅斯人口將有明顯減少，從一億四千三百二十萬人降至二〇二五年的一億二千九百二十萬人。勞動人口比例將保持在比較高的水準（約六〇%），但其中青壯人口的比例卻始終無法提高（在未來五十年內約只占一六%），退休人口比例則呈直線上升（從一七．一%提高到二〇二五年的二四．三%）。此外，俄羅斯是全球受愛滋病毒感染最嚴重的國家之一，這將對整個俄羅斯的經濟和社會發展產生很大的負面影響。在俄羅斯聯邦的不同地區和共和國內，生活水準和就業情勢都存在著很大的差異，分配不均將造成大量社會問題。由於俄羅斯一直缺乏深層的結構改革，其社會經濟形勢可能出現兩極分化的情況：某些城市和地區具有已開發國家的特點，而其他地區則更像第三世界國家。

三、俄羅斯聯邦與世界

1 俄羅斯的戰略前景

由於經濟衰退、內部矛盾嚴重，再加上其他經濟和政治問題的共同作用，俄羅斯的對外政策可能以發展大國地位為核心。九〇年代，俄羅斯幾乎都處於全球化的壓力之下，因此莫斯科希望透過發展自身的新優勢來恢復從前超級大國的地位，力求成為全球化的「參與者」，而非「受害者」。要保持大國地位，俄羅斯的對外政策應樹立以下兩個目標：一是為國家內部轉型創造有利的外部環境；二是在國際事務中加強國家的主權和自由。以下幾個方面將有助於俄羅斯實現這兩大目標。

2 扮演世界一極的角色

俄羅斯政府希望在眾多國際機構中保持影響力，聯合國安理會就是十分重要的組織之一，它不僅是國際法和國際體系的支柱，也是俄羅斯對所有重大國際問題施加影響力的唯一管道。此外，俄羅斯將努力成為世界貿易組織的成員，並向其他一些重要的區域組織靠攏。在歐洲，北約和歐盟仍將是吸引莫斯科的兩大重要組織。從戰略角度看，轉向歐洲對於俄羅斯非常重要，這不僅具有經濟意義，也有利於解決國家安全問題（尤其是在目前有許多來自南部的國家安全威脅下）。在重視歐洲的同時，俄羅斯也希望在其他區域組織發揮作用，如上海合作組織和東協等。

俄羅斯在外交政策方面將繼續疏離西歐。西歐在九〇年代是俄羅斯政策的優先目標，但如今它們之間卻多停留在經貿層面的連繫。新興強國將是俄羅斯對外政策的重點，尤其是中國和印度，以及地區性大國土耳其。大致上，俄羅斯將採取多元化的政策以應對目前這個多邊的世界。同為世界大國，俄羅斯將在美國的國際事務中繼續占有重要地位，並保持與華盛頓之間的特殊連繫。不過美國對俄羅斯內外政策的影響力將低於九〇年代的水準。

3 俄羅斯的優勢

俄羅斯的外交政策將凝聚其所有的權力優勢。能源發揮的作用將繼續增大，俄羅斯將成為全球主要的能源行為體，並把重心從歐洲逐步轉向亞洲和美國。俄羅斯的戰略目標將使能源部門更加平衡、更具競爭力，無論是在生產方面（液化天然氣的重要性將有所提高）還是在出口方面（歐洲仍將是主要的目的地，亞洲和美國也會成為目標市場）。另外，俄羅斯力求加強現代武器裝備，增強軍事工業的競爭力。從目前到二〇二五年，軍事現代化將圍繞兩個方面展開：更新為更具威脅的武器裝備；建立機動而專業的武裝力量，對內以保護國家利益、對外則維護邊界和平。武力的使用仍將是俄羅斯對外政策的一個重要方向，而且俄羅斯也是世界主要的武器出口國。

4 後蘇聯地區

俄羅斯對外政策最重要的部分仍然和舊蘇聯地區有關。從經濟層面看，該地區是俄羅斯勞動力的供應地、工業商品的銷售市場以及能源的輸送地（通過俄羅斯輸油管運送）。俄羅斯對舊蘇聯各地區的政策有所不同：對中亞地區採取防禦政策；對亞美尼亞、亞塞拜然、白俄羅斯和烏克蘭則保持緊密的雙邊關係；和摩爾多瓦及喬治亞的關係仍然相當緊張。但俄羅斯整體上仍將透過建立自由貿易區等方式加強在該地區的經濟影響。

到二〇二五年，俄羅斯極有可能再度達到舊蘇聯的規模，勞動力數量將大大增加，在國際社會的地位也不斷上升，努力讓世界聽到自己的聲音。對於舊蘇聯地區，俄羅斯採取了所謂的「後帝國主義」政策，帶有某種「霸權」特色，特別是當俄羅斯的利益受到威脅時。

俄羅斯在未來面臨的核心問題是其越來越獨裁的集權與全球化之間的矛盾。此一矛盾將表現在幾個相關層面上：從政體來看，此一矛盾有助於緩和俄羅斯中央政府與各共和國、各地區權力機構之間的關係；從政治來看，矛盾還將體現在國家的愈形專制與政體形式上的逐漸寬鬆和民主；從經濟來看，對受國家控制的能源生產與出口的依賴程度將不斷上升，但同時卻又對經濟結構多樣化有客觀需求。所有的矛盾與問題都使俄羅斯擁有亞洲國家政治經濟的發展特點：一方面不斷強化中央權力，經濟戰略部門由國家控制；另一方面經濟多元化程度不高，對全球化經濟的開放水準也很低（出於國家保護主義）。要在這些矛盾中找到一個真正的平衡點並非易事。

第十一章 中東和北非地區

中東與北非地區包括十八個伊斯蘭國家，東起摩洛哥，西至伊朗。該地區可分為兩大部分：以埃及為界，東部為馬格里布地區（Maghreb，意即北非）[35]，西部為馬什雷克（Mashreq，意即中東）。許多國家都處於這兩大部分的連接處，其中主要的相鄰國家包括蘇丹和索馬利亞、阿富汗和巴基斯坦以及土耳其。該地區的政治和社會秩序一直處於變革中，這也使得國家間的矛盾衝突日益加劇。該地區的穩定不僅對其相鄰地區（尤其是歐洲、高加索、中亞和印度次大陸）的安全和繁榮至關重要，也對整個世界的和平有著直接影響。遺憾的是，這一地區是名副其實的火藥庫，原因十分複雜，主要包括：人口持續膨脹、環境不斷惡化、經濟停滯不前，再加上政治、民族和宗教關係緊張，至今仍無解。此

35 傳統上指非洲西北部瀕地中海南岸的地區。

外，還有一些潛在的衝突誘因，比如意識形態影響（如完整主義）和結構秩序（如能源、人口、環境）等。儘管以完善的政府來管理和建立區域安全合作架構為目的的社會經濟改革勢在必行，但實施結果卻非常不理想。

一、地區問題

1 能源

中東地區擁有世界上最豐富的石油和天然氣蘊藏，目前石油產量占全世界的二八％，到了二〇三〇年甚至有可能達到三八％，而整個中東和北非地區的石油產量也將增加六〇％，從每天二千六百八十萬桶增加到每天四千三百七十萬桶，天然氣產量則將是目前的三倍，達到九千億立方公尺。該地區——尤其是沙烏地阿拉伯、伊朗和伊拉克——將滿足五〇％的歐盟石油需求（目前為四五％），而對歐盟的天然氣出口則相對較少。歐盟從該地區進口能源的成長量在相當程度上將取決於俄羅斯的能源政策以及能源運輸設備的發展（液化天然氣、輸油管）。由於中東的能源生產國是世界上唯一擁有大量能源蘊藏的國家，因此該地區——尤其是海灣國家——在面對新興強國的快速發展時有著很強的資源優勢。中東滿足中國和印度五〇％的能源需求；隨著能源運輸條件的改善，特別是液化天然氣的發展和輸氣管的建立（可能經過巴基斯坦，這也是一條充滿爭議的運輸線），伊朗及其他海灣國家對中國和印度的天然氣出口量將進一步提高。其他從伊朗出發，穿越中亞地區的線路也正在計畫之中。

2 國家管理問題

隨著石油價格的飆升，該地區的ＧＤＰ也隨之成長，二〇〇四年成長了五．五％，二〇〇五年則提高到五．七％，成長速度是九〇年代平均水準的兩倍。從經濟角度看，石油和天然氣帶來的龐大收益為該地區創造良好的發展條件。但想要合理地運用收益、促進經濟多元化和保持經濟成長，則該地區的政府管理必須更有力，同時也要進行相應的結構調整。中東和北非地區的所有國家，不管資源是否豐富，都面臨著許多基本的國家管理問題，尤其是在公共行政、法制、公共部門面對公民和私有經濟體時的責任等方面。如果該地區希望開放貿易和投資、發展私有經濟、促進經濟多樣化（同時降低經濟對能源價格的依賴程度），那麼結構改革可說是刻不容緩的事。

國家管理方式的改革有助於推動經濟改革。經濟改革在短期內將很難實現，並且需要政府的大力配合。在該地區的大部分國家裡，政治壓力使政府很難採取措施鼓勵經濟改革（如在勞動力市場、銀行體系、公共服務私有化等方面），但管理改革將有利於降低內部的政治影響。由於改革可能無法推進，該地區許多國家的經濟環境仍然不甚樂觀。二〇〇五年，該地區的外商直接投資淨額為九十一億美元，並且大部分流向自然資源富足的國家，這充分說明在經濟方面，該地區對其他國家來說不具太大的吸引力。該地區最主要的資金來源並非投資，而是在歐洲和海灣地區工作的本國居民所創造的海外匯款。二〇〇四年，該地區在外地工作的居民所創造的海外匯款高達二百零三億美元。

該地區因國家管理不善所造成的問題，在能源富足國家和能源匱乏國家有所不同。石油價格的上漲使石油出口國的收益大大增加，但不同國家使用該項收益的方式各有不同。在伊朗和阿爾及利亞等能源大國，經濟盈餘阻礙了改革進程和經濟多樣化發展，並使得失業率持續上升，通貨膨脹和地方保護主義也日益嚴重。但人口相對稀少的海灣國家（如伊朗）的情況則完全相反：能源營利幫助它們實現了經濟改革、促進了私有化進程，並加速基礎建設。在能源匱乏的國家中，深層的國家管理改革勢在必行，因為它們的經濟成長必須更加依靠國際貿易和投資。

另外，在勞動力充足和缺乏的國家之間，也面臨著各自不同的問題。勞動力缺乏的國家主要集中在海灣地區，勞動人口大部分是移民；而在某些國家中（如阿拉伯聯合大公國、卡達），移民甚至占總人口的多數。海灣國家因此採取措施，嚴格控制移民數量，減少外籍工作人員。此一舉動可能導致社會成本暴增，並且直接影響到整個中東和北非地區依靠資金遣返維持經濟的國家。而勞動力充足的國家所面臨的問題則是如何創造充足的就業機會。在未來的二十年內，人口數量膨脹將是影響整個地區穩定的最主要的結構問題。

3 人口與環境

儘管出生率有逐漸下降的趨勢，但到二〇二五年，中東和北非地區的人口仍將成長三八%，從目前的三億八千八百萬人增加到五億三千萬七百萬人；北非地區的適齡工作人口數量將成長四〇%，中東地區將成長五〇%，即在二〇二〇年以前達到八千萬人（總人口為一・八五億人）。根據世界銀行預測，在未來二十年內，該地區必須創造一億個就業機會以吸收經濟活動人口，而相應的年平均經濟成長率也必須保持在六%至七%。然而，如果石油價格走低，非能源部門發展情況又得不到改善的話，二十年後，該地區將有五千萬人面臨失業（約占勞動總人口的二七%）。此外，製造業市場的擴大，尤其是亞洲國家（如中國、印度、印尼和孟加拉）勞力密集型產業的進一步發展，將在該地區形成激烈的競爭，並對該國的經濟成長和多樣化前景造成威脅。如果我們排除能源出口因素以及金融服務、港口運輸和旅遊業發達的海灣小國（如巴林、阿拉伯聯合大公國等），該地區仍將處於經濟全球化的邊緣地帶。

環境惡化是該地區面臨的另外一個重大挑戰。該地區八七%的領土都是沙漠，此一比例還將隨著氣候變化而進一步上升，並造成氣溫升高和降雨減少。儘管已投入大量資金於提高飲用水的儲存，但環境惡化和人口激增仍將使該地區面臨嚴重的水資源問題。目前該地區人均可用水量為一年一千二百立方公尺（世界平均水準為七千立方公尺），到二〇五〇年還會降至五百五十立方公尺。其間接影響有：旱災加重、沙漠化程度提高（可耕種土地面積減少，從而使該地區越來越依賴食物進口），以及農村人口大量湧入城市（到二〇一五年，該地區的城市人口將占總人口的七〇％）。水資源匱乏還會對政治層面造成影響。有些淡水資源嚴重缺乏的國家，如埃及和敘利亞，將大量依賴來自其他國家的河流資源，因此與鄰國之間必須採取一定的水資源管理政策。最近，在北非和中東地區都已提出一些水資源管理措施。

以上這些基本的結構問題使我們清楚地看到中東和北非地區（包括能源富足國家）在未來經濟發展過程中將面臨的挑戰，而這些問題之所以難解的主要因素是政治。該地區在未來面臨的主要政治問題有：國家管理和民主改革進程緩慢、民族和宗教衝突嚴重；尤其是中東地區，可能出現嚴重危機。

二、三大政治挑戰

中東是一個充滿紛爭的地區：民主化一直是一個討論激烈的主題，民族和宗教認同問題越來越尖銳，某些國家的政體已經推翻（如伊拉克）或在選舉中失利（如巴勒斯坦民族解放運動）；敘利亞、沙烏地阿拉伯、伊朗和黎巴嫩等國還處在相當緊張的內外關係之中；阿富汗、伊拉克、土耳其和黎巴嫩等國宗教和民族分子的政治化，使得和平前景遭到了嚴重破壞，為該地區的政治發展帶來許多不穩定因素，而這種政治化主要是由於國家中央權力的暫時或部分消亡。在整個九〇年代，這些政權不穩定的國家（特別是阿富汗和索馬利亞）成了極端主義滋長的溫床，也成了如蓋達組織這樣國際恐怖組織或國際犯罪網路的根據地。然而國家政權不穩和恐怖主義盛行這兩大威脅還只是眾多「西亞重大危機」的一部分而已。同樣值得擔心的危機還有局部衝突的國際化，尤其是以巴衝突所造成的地區緊張。

1 以色列與巴勒斯坦

以巴衝突始終是國際社會面臨的最重要問題之一。現在我們最想知道的是，一個真正的巴勒斯坦主權國家能否在巴勒斯坦地區建立。巴勒斯坦內部一直存在著阿拉伯民族主義、政治伊斯蘭化和傳統的左翼反帝國主義幾大力量，因此阿拉伯世界和伊斯蘭世界的政治衝突仍將在此繼續上演。該地區民眾將所有衝突的原因全部歸結為一點：西方世界對伊斯蘭國家的敵對態度。大部分民眾對外國勢力占據伊拉克與對以色列占領其外部領土的態度是一致的。同時，由於伊拉克在地理上處於中心位置，因此極端主義已經以新的形式悄悄發展（從喀什米爾到巴勒斯坦）。用和平談判的方式解決以巴衝突的可能性正在不斷減弱，而對西方國家（以色列、美國和歐洲）的不滿和仇恨可能繼續，這也將威脅到歐盟成員國的安全。

2 民主化與伊斯蘭化

民主化與伊斯蘭化錯綜複雜的關係是該地區在未來二十年裡需要面對的最大挑戰之一。兩者的混雜看似矛盾，實際上與該地區的專制體制和落後狀態相對應。「伊斯蘭主義」在政治和知識界中，普遍定義為「政治伊斯蘭化」，而在社會和經濟層面則以一種「伊斯蘭完整主義」的形式出現。這兩種趨勢的出現起初是為了反抗殖民勢力，後來則是反對存在於整個中東和北非地區的專制政體，以發展民族主義和／或馬克思主義思想。穆斯林兄弟會（The Muslim Brethren）[36]等組織的建立都旨在加強伊斯蘭教在國際上的地位。這些組織的目的是將社會從頭到尾地進行伊斯蘭化。它們建立許多不同性質的機構和社會網絡（如一些慈善機構），同時也參與經濟活動，希望透過這種公開的方式對社會形成間接影響，從而使人們按照伊斯蘭教的規定和習慣做事。在可預見的未來，這種伊斯蘭化的趨勢仍將繼續——中東和北非地區的精英一直將此視為文化和政治層面的重大挑戰。伊斯蘭軍事組織的態度主要取決於該地區國家政治精英們對世俗的認識和管理改革的能力。

政治伊斯蘭化對民主問題的態度有了巨大的轉變。起初政治伊斯蘭化的擁護者對民主相當仇視，但從九〇年代開始，人們開始逐漸對民主投票表現出支持態度。形成這一態度的主要原因是在許多伊斯蘭國家中，伊斯蘭化在社會上已經取得了認同，人們希望透過選民的數量優勢（在某些國家的伊斯蘭教選民估計有四〇％）促進伊斯蘭政黨的發展。因此政治伊斯蘭化與民主化的結合實際上是出於實際的考量。另外民主化進程的前景也不甚樂

36　為宗教兼政治性的回教運動。對內要求將社會生活恢復到原始穆斯林時代，堅決拒絕任何受西方文化感染之事物；對外則求所有伊斯蘭國家的統一。穆斯林兄弟會散布中東各國，尤其敘利亞受影響最深。

觀，人們對於選舉舞弊的不滿以及國際社會對某些選舉結果的質疑，將影響民主本身對這些國家的吸引力。

由於伊斯蘭教是對中東和北非地區民眾唯一具有吸引力的意識形態，伊斯蘭化和民主化在未來將繼續結伴同行。儘管情況各有不同，但土耳其的正義與發展黨（Adalet ve Kalkınma Partisi）、伊拉克的伊拉克團結聯盟（United Iraqi Alliance）、黎巴嫩真主黨（Hezbollah）以及巴勒斯坦的哈瑪斯（Hamas）都是伊斯蘭化和民主化共同發展的例子。西方社會對自由選舉的支持與對該地區的民主發展有決定性的作用，而所有的經濟支持都必須得到合理的管理，國家治理也必須尊重人權和媒體自由，並接受選舉投票結果。不可否認的是，該地區的民主化是一個漸進的過程，不可能完全按照西方自由民主國家的體制發展下去，建立多黨合作的議會制民主將是可能的方向。

不過伊斯蘭教與民主化的關係受到少數極端主義運動的破壞。這些組織反對民主，視其為對神靈的褻瀆。它們無法融入民主社會，只好選擇以暴力的「聖戰」方式表示反對。民主思潮和聖戰之間的對立難以消弭，政治伊斯蘭化對自由選舉的影響越大，極端主義出現的可能性就越小。聖戰主義極端分子不僅在所有伊斯蘭國家都占有一定比例，在西歐也一樣存在，這些極端主義分子在未來政治伊斯蘭化的論戰中將產生不可小覷的影響。聖戰分子對歐盟來說是嚴重的恐怖主義威脅，他們的計劃具有全球性。在這些恐怖組織中，最為著名的是蓋達組織，但它對全球影響也只是曇花一現而已。聖戰主義將進一步以伊斯蘭國家抵抗運動、極端恐怖主義組織等形式發展壯大，它們所面臨地區性問題將更多。

中東和北非地區大部分國家「聖戰」運動的發展都產生了很大的負面影響：

一、意識形態角度看，「聖戰」表現為對所有溫和派的極端敵視。它對民主趨勢的破壞也被認為是帝國主義的表現。

二、從宗教角度看，其對異教徒的迫害屢見不鮮。

三、最令人擔憂的是「聖戰」運動推動跨國恐怖主義的發展，不僅對本地的安全造成了影響，也對歐盟、非洲、印度以及東南亞地區形成了很大的威脅。

由於「聖戰」運動已具有國際規模（以蓋達組織為基礎），因此流血衝突一時之間難以絕跡。光是在伊拉克，就有上百個獨立的抵抗組織正與外國軍隊展開戰鬥，一些新的恐怖主義形式也已經開始在伊拉克和阿富汗出現。一般來說，衝突越久、外國軍隊涉入越深，這些後蓋達組織網絡的行動就越有效率。

由於民主化進程存在著缺陷，聖戰極端主義又頗具威脅，支持伊斯蘭溫和派和議會主義者於是成為唯一可能解決問題的方法。但困難依然重重。一方面，即使是一些已經實現民主的國家，也有可能遭遇管理不善或政治不穩定等問題；另一方面，不管該地區的民主程度如何，聖戰主義將繼續威脅本地區和西方國家的內部安全。此外，伊斯蘭極端勢力還有可能在透過民主途逕取得政權之後，再將國家帶回非民主政體。因此管理層面的結構改革是非常重要的，只有這樣才能使民主長期發展。

3 民族歸屬與宗派主義

中東和北非地區大部分國家之間的邊界都是由當年的殖民國家人為劃定的，並未按照民族和宗教的區別進行劃分。整體說來，該地區國家的政治精英們一直都承受著來自民族、部族和宗教等方面的壓力，這些問題不僅威脅到國家的統一，也妨礙了國家對社會的管理。這些國家的權力機構並未承認少數民族的權利，而是試圖將它們同化，此一政策在二十世紀取得了一定的成功。但到了八〇年代，情況有所改變，某些少數民族開始公開反對國家統治，如北非地區的柏柏爾人（Berber）、埃及的科普特人（Copts）、沙烏地阿拉伯國內的非瓦哈比教徒（Wahhabi）等。以下兩個民族問題則是最為嚴重的，已經影響到了該地區的整體安全：庫德族問題以及遜尼派與什葉派之間的關係問題。如果這兩大問題不能獲得妥善解決的話，相關的民族和宗教問題將為該地區帶來持續不斷的災難。

(1)庫德族問題

庫德族是在土耳其、敘利亞、伊拉克和伊朗等國不容忽視的一個少數民族，他們在這些國家中常常透過武力來捍衛自己的文化和政治權利。一個庫德族人的國家已經在伊拉克實際建立[37]，為所有庫德族人帶來了希望，並可能導致領土收復主義運動的興起。不過在未來十年內，這個所謂的「庫德族國」還無法實現真正的獨立，而且可能會在土耳其、伊

37 指位於伊拉克北部的庫德族自治區。

朗和敘利亞之間尋求外交勢力平衡。因此，未來的十年間，這個地區主要面臨的會是「庫德族問題」，意即是否會有一個真正的庫德族主權國家出現。此一問題也將加速該地區各國以及美國、歐盟的外交介入，並對歐盟和土耳其之間的關係造成影響。

庫德族人在其他國家——尤其是敘利亞、土耳其和伊朗的地位，將在思想上對這些國家的未來造成深遠影響。如果土耳其的凱末爾主義（Kemalism）[38]或者敘利亞的復興主義思想無法從根本上改變的話，庫德族的權利就不可能完全得到尊重。庫德族的權利狀況從某種程度上可以視為該地區民主進程的指標。在伊朗，庫德族運動的相對成功鼓舞了其他的少數民族，因為伊拉克境內的波斯民族僅占總人口的五五%。在整個二十世紀，伊朗的庫德族人和亞塞拜然人都透過武力在相當程度上取得了自治。伊朗政權雖然對某些自治運動進行了武力鎮壓，但在文化方面卻表現出一定程度的寬容，比如允許少數民族語言的使用。不過矛盾還出現在國家邊境與中央之間的關係上（即外省與德黑蘭）。此一矛盾升高為民族矛盾的風險越來越大，並有可能被某些外部行為體利用，成為瓦解伊朗政體的工具。

38 凱末爾主義由幾個部分構成：共和主義、民族主義、人民主義、國家企業主義、世俗主義、革新主義。

(2) 遜尼派與什葉派

阿拉伯國家的精英們一直將伊斯蘭教什葉派視為「異教徒」，認為他們並非正統，此一思想也是一直以來什葉派遭到精英人士和中東地區遜尼派歧視的根源。由於伊拉克是一個大多由什葉派構成的國家，因此在沙烏地阿拉伯、葉門、巴林、卡達、阿拉伯聯合大公國和科威特等國，人們將越來越無法忽略什葉派的存在。隨著什葉派參與政治的比例越來越高，科威特國內已經開始進行相關改革。那麼其他國家是否可以借鑑科威特的經驗呢？這主要取決於各國的民主化速度和宗教關係的緊張程度。關於什葉派的前景，存在著以下三種可能性：

一、遜尼派的精英們將無法繼續忽略什葉派的存在。

二、民主化的不斷深入可能成為緩和不同宗教派別之間緊張關係的方法。

三、伊朗和伊拉克可能對海灣地區什葉派採取的干預措施仍將是該地區主要的安全隱憂。

第十二章　撒哈拉以南的非洲

關於非洲大陸的現狀與前景的討論一般會走向兩個極端：非洲悲觀論和非洲樂觀論。根據前者的觀點，非洲將繼續以貧困荒蕪的狀態示人，造成此一結果的主要因素有混亂的管理、貪腐、暴力、貧窮、乾旱和疾病。而樂觀派的預測則認為，隨著非洲新一代領導人上臺，許多問題將會得到解決，非洲也將逐步融入全球化進程中。這兩種觀點各有道理，但系統性分析情況的多樣性和可能的發展趨勢似乎比居高臨下的觀點更為實用。而政治經濟治理模式的發展將成為非洲未來進步與否、穩定與否的關鍵所在。

一、缺少機會？——非洲的潛力與前景

有許多數據都可以說明非洲大陸在整個世界貿易中完全處於邊緣地位。非洲只占世界貿易總量的二%，所接收的外商直接投資也只有二%。隨著人口成長率的提高，貧困程度也將繼續攀升。一般來說，經濟成長是減少貧困的先決條件。在「非洲發展新夥伴計畫」（New Partnership for Africa's Development, NEPAD）中提出經濟成長的標準：要使絕對貧困人口減少一半，經濟平均成長率必須達到七%（二〇〇五年為五．八%，主要是由於世界對原物料的需求增加）。要實現這個目標，每年必須多出六百四十億美元的固定投資。要獲得如此大規模的投資量需要從以下三個方面著手：鼓勵內部儲蓄、爭取官方發展援助以及吸引外商直接投資。根據預測，進入非洲的外商直接投資中，有五〇%至八〇%都是投資在能源部門。這樣的投資結構將產生嚴重的問題——非洲大部分經濟體的經濟多樣化程度相當低。

要達到上述投資量，在未來還有可能出現至少三種有潛力的資本來源：在國外工作的人將資金匯回本國、資金遣返以及原物料出口所獲得的大量資本。

一、非洲只收到了在開發中國家工作者由海外匯回資金的五％，即八十億美元，但實際的匯回數量（包括從非官方管道）應至少是此數字的兩倍。

二、貪腐、抽逃資金[39]，以及利潤再投資的不足都嚴重影響經濟成長的潛力和前景。非洲的抽逃資金預計已達到一千五百億美元，整個非洲約有四〇％的私有資本並不在非洲當地。

三、隨著世界經濟的不斷發展，非洲一些國家的原物料出口將持續成長。安哥拉的石油產量將從二〇〇三年的每天九十三萬桶增產至每天二百六十萬桶至三百二十八萬桶；尼日的產量也將大幅成長，到了二〇二〇年，預估可達每天四百萬桶。非洲石油的已知蘊藏量（一億一千四百萬桶）占全球蘊藏量的一〇％，石油出口將為生產國經濟的長期發展提供必要的資金支援。

然而，石油價格的飆升將對非石油生產國的經濟發展產生負面影響。最貧困國家的前景或許沒有想像中那麼糟糕，因為在這些人均GDP低於三百美元（按購買力平價計

39 指故意將公司資金長期滯留於公司之外，或長期不參與公司的資金週轉。

算）的國家中，生物燃料是主要的能源方式。由於運輸條件的落後，如何增加能源出口量將仍然是限制非洲經濟發展的主要障礙之一。

除了石油之外，其他原物料，如鐵、銅和稀有金屬也極有可能為某些國家（加彭和利比亞的鐵、尚比亞和剛果的銅等）吸引大量的外商直接投資。但由於外商投資只針對天然資源豐富的國家，因此非洲國家之間本就非常明顯的貧富差距將進一步加大。石油和其他原物料的高價格將對資源匱乏的國家造成傷害，各國之間的貿易平衡將遭到破壞，能源支出會不斷提高。二〇〇五年，石油出口國的貿易盈餘大幅增加，占GDP的一九．八%；但非出口國的虧損則更加嚴重，高達GDP的六．六%。各國經濟成長的速度差距明顯——石油出口國在二〇〇五年的成長率達到六．四%，而進口國則只有四．三%。

在其他關鍵部門，如農業、工業製造業等方面，經濟發展仍將面臨許多障礙。整個非洲大陸的農業生產力仍然不足，無法滿足人口成長的需求。儘管乾旱問題已有所緩解，也有足夠的可耕地，但非洲大陸的人口密度仍然是全世界最低的（二〇〇四年的數據為每平方公里四十四人）。農業生產模式的落後可以解釋這一問題。從八〇年代開始，該地區的灌溉率就呈下降趨勢，目前僅有七%的耕地有充足的灌溉用水。

這樣的農業環境和快速成長的人口將導致非洲越來越依賴食物進口，到了二〇三〇年，糧食進口量將增加到現在的三倍，而且非洲的糧食生產量與出口量無法相互抵消，因為農業出口有許多障礙：難以打入外國市場、對農業部門的長期漠視，專業化程度不足等等。

除農業部門外，非洲的製造業也將面臨嚴重的類型不足問題。阻礙工業發展的主要方面有以下幾點：缺乏資金、基礎設施不足、內部市場狹小等等。在非洲許多國家中，紡織業因為大量廉價勞動力的存在而得以快速發展（如賴索托、肯亞、奈米比亞、尼日等），當然這也並不是非洲真正的優勢。世界經濟和貿易的發展有利於勞力密集產業的發展，但在這方面具有最大優勢的仍是亞洲的生產國。

在激烈的國際競爭中，非洲的政治經濟治理模式可能阻礙製造業的發展。

二、政治與經濟治理：被忽略的關鍵因素

由於缺乏投資和相關的經濟改革措施，非洲在未來二十年內還很難向多元化經濟發

展，非洲經濟也因此仍將繼續依靠原物料出口，受到原物料儲備和價格的嚴重制約。海外匯款的成長將取決於各國政府管理的水準。如果政府管理水準仍然無法進步，那麼到二〇二五年，非洲的經濟情況將很難得到改善。

在撒哈拉以南的非洲經濟與政治具有以下兩個相關的特徵：反對派力量弱小，甚至根本不存在；營利型經濟阻礙多元化經濟的發展。

非洲的經濟政治不僅對多元經濟的發展不利，也為暴力衝突的滋生創造了條件。在大部分非洲國家的營利型經濟中，國家都扮演了關鍵角色。這些國家的領導人最關注的並非稅收，而是國際原物料價格。另外，專制政府將繼續限制私有經濟的發展。受到殖民地政策的影響，大部分非洲政府認為，私有經濟的獨立性將對自身產生很大的政治威脅。因此，以下兩種企業在非洲經濟占主導地位就不足為奇了：外資企業，以及與領導者關係密切的企業。外資企業主要是從前殖民國家在此建立的跨國公司，或者居住在非洲的外國人創立的企業（主要是黎巴嫩人、印度人以及希臘人）；與領導者相關的企業通常不會遭遇激烈的競爭，當然也可能有被查封的風險。受到政治因素和經濟交易營利的影響，非洲的私有經濟在國際競爭中顯得欲振乏力。不過還是有一些例外情況可以說明非洲存有一定的經濟活力，當然這也能推動經濟成長。比如南非的電信公司以及與杜拜、雅加達、香港等地建立的交易網絡等。

政治的變革也相當緩慢。冷戰後，大部分非洲國家的選舉都受到了一定程度的阻礙，因此有影響力的反對派很難誕生。在這種情況下，司法機構的作用相當微弱，貪腐將對法制國家的建立產生很大的負面影響，進而使經濟環境日益惡化。在這些國家中，總統的權力甚至大於議會，領導者的政治理念是將反對派融入政體中，以限制多元政治的出現——推崇「權力一體化」，而不是聯盟。權力的更迭往往會造成極大的政治壓力，甚至是公開的暴力衝突。儘管在非洲南部和東部以及一部分西部國家中有一些獨立的媒體集團，但爭取媒體自由的抗爭仍然任重而道遠。從九〇年代開始，社會運動就不斷受到政治壓迫和經濟危機的影響。由於不可能進行非暴力的抗議活動，因此從九〇年代後期開始，各種形式的暴力衝突層出不窮。如果政治環境無法得到改善的話，大量暴力事件仍將繼續出現，而且涉及的範圍將越來越廣。與所有政府的改革一樣，其進程是相對緩慢的。管理不力將是造成該地區不穩定的主要因素。

三、外交：非洲領袖的能力

非洲國家領導人之間以及他們與其他國家之間的關係變化也值得關注。這些領導人懂得在不改變其治理模式的同時，靈活地應對外部需求和變化。在國際競爭過程中，他們常常會繞過不符合自身利益的條款，而原物料出口營利的增加將加劇這一現象的影響。中國、印度和巴西等國的經濟崛起促進非洲原物料出口量的成長，它們對非洲的投資從五年前開始就已經呈上升趨勢。為了維持經濟的高成長率，這些新興經濟強國需要推行國際化政策和安全的原物料進口策略，非洲國家不但正好為它們提供充裕的原物料來源，也降低它們與西方國家企業的競爭壓力。

但新興經濟強國投資的增加，將使非洲的非民主國家繼續維持和發展它們的國安機構，政客們也將更頻繁地侵占公共發展援助基金。其他國家提供給非洲做為社會改革的援助資金大都集中在非洲領導者手中，因此，要加強對非政府組織和有活力企業的支持，才有助於提高整個國家的管理水準；同時，非洲國家的領導人也必須體認到，運用公共發展援助基金促進政治穩定並減少貧困，才是他們的首要責任。

國際恐怖主義問題為非洲創造新的契機——為了加強自身安全，各大國都增加能源進口。在石油方面，反恐活動將提高美國對非洲的進口量，但軍事干涉等不同的制約因素將繼續影響西方國家對非洲的能源需求量；此外，從前的殖民地國家將減少它們在非洲大陸的直接軍事力量，因此透過聯合國和非洲聯盟等中間組織來保障安全的情況將越來越普遍。隨著中國、印度和巴西等國影響力的增加，新的非洲國家聯盟組織可能很快誕生。而且，儘管非洲國家地位不高，但它們在國際組織中依然占據四十四票，一條「南南」軸心有可能逐漸形成，並在一定程度上對新興強國產生制約。

四、持續衝突的地區

公共事務管理水準的積弱不振仍將是該地區衝突不斷的主要原因。儘管非洲暴力衝突的數量和程度並不比其他大陸高出多少，但是它留給世人的印象卻始終與暴力相連。營利型經濟也往往是衝突的來源，財富再分配的不合理導致經濟和社會層面的不滿，而這樣的不公平現象常常在不同社會團體之間形成衝突，也有可能使排外心理在未來二十年裡不斷高漲。不管是針對外國人的排外情緒，還是在同一國家內不同團體之間的排外心理，目前在非洲都還沒有得到足夠的重視。除了非洲領導人們為了保持權力而故意實施的壓力戰略之外，社會緊張情緒也將波及邊境地區以及國家間的相依關係。

有三個不穩定的地區將有可能出現新的暴力衝突——西非、大湖地區和中非。獅子山和利比亞的進步比較明顯，而科特迪瓦[40]和幾內亞的衝突則不斷升高。暴力衝突的惡化，尤其是幾內亞在未來幾年內的不穩定，將對獅子山和利比亞產生很大的影響。在大湖地區（烏干達、盧安達、蒲隆地、剛果），暴力衝突依舊嚴重。新的「暴力三角」（達佛、查德、中非共和國）也讓人感到恐慌，儘管該地區的情況已有所改善，但恩將納和喀土木[41]的政治衝突依然激烈，暴力事件也有蔓延的可能。另外，南蘇丹於二〇一一年宣布獨立，南北蘇丹的對立仍可能一觸即發。

在這三大不穩定地區中，衝突主要是由政治和經濟事務的管理不善造成。而且非洲

40 即「象牙海岸共和國」。
41 恩將納為查德首都，喀土木為蘇丹首都。

地區衝突的一個根本規律是：國家機器的作用越大，暴力衝突就越容易激發，涉及面也越廣。

非洲南部將是非洲大陸最穩定的地區。但辛巴威的局勢變動可能為該地區帶來一些不穩定因素。辛巴威有可能在未來遭遇經濟的嚴重惡化，該國居民將大量向周邊國家遷移，內戰也極有可能再度爆發。在西部非洲，尼日的內部安全問題值得關注，不過除了針對分裂活動的鎮壓政策之外，尼日的多元化特徵避免了國家內部大規模的騷亂和衝突。面對非洲大陸上現存和可能出現的衝突，改善治理模式是阻止暴力最重要的方式。

第三部分
歐盟

第十三章 未來的三大關鍵問題

政治形勢的發展往往因為具有太多的人為因素而難以預測。但透過對結構性趨勢的評估和未來國際社會主要行為體策略的分析，我們仍然可以使未來的國際政治體系略顯清晰。我們的目的並不是對具體的政治事件做出預測，而是描繪整個世界大環境的輪廓，並釐清權力來源、合法性以及民主等關鍵問題的發展趨勢。以下便是我們分析得出的四大方向：

一、**由於冷戰之後還沒有明確的國際政治體系形成，全球化將成為影響國際政治走向的最關鍵因素。**新興經濟強國將以何種方式表現其影響力，將是影響未來政治體系和安全環境的主導因素。

二、**多樣化將成為不可逆轉的事實。**中國、印度、巴西及印尼等新興世界或區域強國實力的不斷上升將使國際體系越來越複雜。

三、世界秩序問題將面臨巨大挑戰，新舊大國之間的關係問題將變得異常重要。各國之間依賴程度和複雜性的增加將導致一系列棘手問題，共同解決貧困、環境惡化等問題則越來越困難。

四、西方國家影響國際事務的能力將遭到質疑，其人口和GDP在世界上的比重將有所下降。新崛起國家擁有它們自己的世界觀，與傳統強國的觀念大有不同，這將使西方國家很難再主宰國際事務。促進國際合作的新元素應當會出現。

一、國際體系的未來

國際政治體系將在未來幾十年中變得更加失衡。一方面，大國政策將產生作用；另一方面，多邊地區組織將進一步發揮作用，歐盟就是一個最好的例子；除此之外，弱小國家的數量將增多。某些小國既無法實現法制化，也無法控制其邊境地區的不穩定因素，極有可能成為嚴重的安全隱憂。

雖然大國、多邊國際組織和邊緣化區域的共存由來已久，但有兩個新的特點將在未來出現。一、在今後二十年中，這三大行為體都將繼續發展，沒有哪一方面可以完全超越另外兩方面（就像冷戰時期的兩極化一樣，可能導致一系列國際機構和周邊衝突的發生）。二、在一個依賴性不斷增強的世界中，三方之間的相互影響將繼續加強。正因如此，某些大國將可能運用多邊區域組織來擴大自己的影響力，而邊緣國家的暴力衝突不但會對鄰國產生影響，也將為國際恐怖主義創造有利條件，並威脅到大國的安全。

二十年後，還是很難出現一個超級大國主導世界格局的情況。權力和霸權都有新的定義，除了傳統的軍事力量外，經濟、文化以及取得國際共識的能力都將成為霸權的新標準。霸權同時意味著物質強勢和其他國家對某一國權威的認同，新舊大國之間實力的變化將導致世界不同領域影響力的重新分配。值得注意的是，沒有一個國家有能力單獨為世界經濟或國際機構制定遊戲規則，而這正是美國在第二次世界大戰結束後曾做過的。

即使多邊體系最終得以形成，它將以什麼形式存在也依然是個未知數。由於新一批強國的誕生，它們之間有可能更加注重彼此的利益，以保證體系的穩定。與此同時，多邊司法體系將更加完善，從而有利於在更有效的架構下進行國際合作，這樣的多邊體系可能產生的衝突相對較少，也接近於傳統上多邊合作機制下的權力制衡思想。但另一方面，未來也有可能出現國際機構停滯、地區間不和諧現象增加，以及民族主義或保護主義抬頭等情況，這將使多邊體系衝突不斷，大國之間也將在能源、市場以及影響力等各方面展開激烈的競爭。

以上兩種趨勢將決定未來國際體系的走向，也會對國際社會處理共同問題（如國際安全）的能力產生不可忽視的影響。另外，大國是否，以及如何處理邊緣化區域的結構性問題，目前還不得而知。某些國家的衰退以及某些邊緣地區的極端貧困現象，可能不會對已開發國家產生直接威脅，但從長期來看，可能影響到富裕國家的整體安全。在一個相互依賴程度越來越高的世界裡，不穩定因素會蔓延得很快。

關於安全，最重要的問題是以下兩點：一個集體治理和開放程度很高的體系是否能夠在多邊主義的規範之下建立起來？將民主國家與世界其他國家區分開來，這是一種意識形態層面所形成的新式兩極化，那麼這種體系是否會在未來占上風？前者將藉著建立有效的多邊體系，以促進多元世界的和諧發展；後者則是將西方國家的利益放在首位，極有可能導致國際體系內部衝突加劇。歐盟到底能否扮演關鍵角色——在推動前一種模式的同時，也捍衛自身價值、避免新的意識形態衝突發生？

二、全球治理的前景：獨立性、差異性、合法性

在未來二十年中，全球治理的需求將越來越迫切，尤其是在各國彼此依賴所出現的矛盾和混亂現象的時候。全球化需要治理——市場需要法律規範、穩定性和前瞻性。在一個相互依賴的世界裡，要維持傳統全球秩序中不同層面的界線已經越來越困難。貿易、金融、發展援助、移民潮、能源儲備、環境惡化以及不斷出現的跨國危機……都將對世界秩序提出挑戰。經濟全球化所造成的後果，如社會經濟失衡、自然資源需求壓力過大等，也應當引起國際社會的更大關注。由於國際體系將變得越來越複雜多變，全球秩序應當尋求各大權力與利益集團之間的平衡，直接面對不同國家與非國家行為體之間日益成長的多樣性。

不同社會以及不同大國之間的差異將越來越明顯，但與此同時，各層面的交流也將不斷加強。因此未來的主要難題是如何持續在以上兩方面建立平衡。科技的進步和全球化為經濟和文化帶來的活力以及人口的流動，將同時加強不同地區的異質性與同質性。而由於缺乏統一規範，這樣的矛盾將可能造成許多問題。制定共同規範、逐步改革國際機構將變得十分必要，只有這樣才能建立一個所有國家都認同的合法性。

合法性是未來國際關係中的一個重要價值，也為某些長期政策的實現提供了保障。合法性這一概念既不是客體的，也不是主體的，而是「主體間的」，新行為體登上歷史舞臺也就因此意味著在利益和價值層面差異的擴大。雖然在不同國家間尋求利益平衡非常困難，但這是非常必要的。在許多挑戰面前，是否共同擔負責任將是一個關鍵的選擇；換句話說，合法性將是權力的主要結合體，它將為國家和國際組織達到具體目標創造條件。它可以涵蓋的領域相當廣泛，不僅有政治、經濟、環境和文化，還包括安全和防禦。

當然，國家仍將擁有獨立行動權，特別是在遭遇直接或緊急威脅時，但要有效地反對跨國恐怖主義或重建衝突地區，仍需要多依靠國際社會和輿論的行動與判斷。文化因素、軍事行動理論以及衝突國家的價值觀都應被納入戰略思考，只有這樣，軍事干預的合法性才可能得到承認。

我們可以從定義看出，國際合法性建立在多邊共識之上。國際組織，不管是世界性的還是地區性的，都在組織的行為和結果中具體體現多邊主義。一個真正有效的多邊主義，即國際合法性，如果沒有國際機構就無法實現。要適應國際事務變化的節奏、處理可能出現的危機，國際組織的架構將面臨大規模重組和改革，否則，全球供需之間的差距將越來越大；但國際組織是否具備這樣大範圍改革的條件仍不得而知。

二〇〇五年聯合國改革嘗試的失敗是國際社會的一次大倒退。不過，儘管不夠完美，聯合國的世界性仍然使它成為目前唯一的合法性機構；只是聯合國的邊緣化程度依然不容忽視，尤其是安理會的地位問題，這個問題主要取決於世界大國在保護和擴大自身利益方面將採取何種措施——單邊主義、小範圍聯盟或者在整個世界之中尋求共同安全。

全球治理的改革將有助於改善不同國際組織間的合作關係，這對實現聯合國千禧年計劃有可能產生很大幫助。要想在二〇一五年之前減少貧困，採取何種策略和長期努力都是非常重要的，因為貧困問題與健康、安全等諸多問題是緊密相連的（歐洲安全戰略也贊同這樣的觀點）。在一國的人均GDP水準和實現民主化的可能性之間有正比關係，也和一國重新陷入衝突的可能性成反比。

不同國際組織間相互連繫不夠緊密也是一個值得關注的問題，它將對未來的世界貿易形成障礙，杜哈回合談判就是一個例子。貿易談判充分暴露南北差距的擴大，特別是在國際經濟與貿易的管理模式方面。

目前國際組織的不夠完整可能促成新國際機構誕生並發揮重要作用，跨政府關係網絡也可能成為重要的國際管理模式，因為它有效地結合處理複雜問題的必要手段，也是國家行為體直接參與的結果。國家領導人的「高峰會民主」形式也可能成為全球治理的一部分，G8和G20高峰會已經成為設定國際社會主要問題的重要會議。在未來，這些新模式可能加強大國間的連繫，並在不同問題之間搭建橋樑。當然，這些高峰會是否能夠有效地持續下去，並確實落實所達成的共識，我們還無法預測。它們會成為與聯合國平行的機構還是競爭者呢？這些政治或技術關係網絡不具有聯合國那樣的合法性，它們也許會提出一些問題，但由於利益衝突或相互競爭，其最終目的可能大不相同。

地區性組織也同樣可以彌補國際組織的不足。地區組織正在擴大：非洲聯盟、西非國家經濟共同體以及東協等已經超出了原來的經濟合作範圍，將影響力擴大到了區域安全等領域。由於歐盟對其區域夥伴的支持，跨地區組織也將越來越強大（亞歐高峰會，對非盟和平力量的支持）。大規模的地區論壇也有利於加強地區對話，如東協論壇等。但考慮到未來可能出現的嚴重問題，地區組織的力量還是相對微弱的。首先，它們還沒有解決區域安全問題的能力。除了北約和歐盟之外，其他地區組織的國際參與都不夠到位，也都需要外部支持。其次，北約與歐盟對安全問題提供的必要支持也不一定具有連續性，這主要是由於預算的限制以及會員國政治意願的不同。最後，這些地區組織內部可能產生競爭，上海合作組織就是如此。因此我們並不確定地區主義是否能夠有效地支持全球秩序，尤其是在區域安全問題上。

三、民主的未來

自第二次世界大戰和冷戰結束之後，世界上民主國家的數量成長迅速。根據美國非政府組織「自由之家」的數據顯示，目前世界上有一百二十二個民主選舉國家（占世界國家總數的六四%），而二十年前僅有六十六個（占四〇%）。不過目前僅有不到五〇%的國家定義是「自由」的，三〇%的國家定義為「部分自由」，還有二四%為「不自由」國家；換句話說，雖然民主與自由之間有著密切連繫，但兩者並非始終如影隨形。如今新的一波民主化浪潮對民主本身的定義提出了疑問，其未來的發展和複雜程度是前所未有的。此外，民主未來的問題在已開發國家也可能出現。

「非自由」民主與「自由」專制之間的區別對評估未來的政治演變非常有用。從政體來看，民主國家的政府是在全民普選的基礎上加以任命的，而不是權力機構自行其是。西方民主國家的憲法都是自由主義原則和制度的結合，尤其注重權力制衡和尊重人權，但政治體系可以是民主卻非自由的。相反的，某些非民主政體也保障法制、公共服務，並在一定程度上尊重人權和公民權，但不引進選舉競爭機制，以免對精英領導層形成威脅。

「非自由」民主國家的數量在最近幾年有所增加，其中包括俄羅斯的「主權」民主和南美國家的民眾主義民主。在中亞、中東與北非的某些地區以及非洲撒哈拉以南地區，混合政體開始出現，選舉在很多時候僅僅是一種形式，以便給權力機關更多的合法性。專制國家往往透過控制媒體、權力操作和教育系統來保障自己的地位。在歐洲的某些國家，如烏克蘭和喬治亞，民主發展遭遇了許多障礙。因此，除了死板的意識形態影響之外，推動民主還需要採取新的行動方式。

首先應該明確的是，到底是支持選舉機制比較重要，還是創造合適的文化、社會和經濟條件更為重要。無疑的，後者可以更促進法制國家和自由民主政體的逐步建立。在民主開始扎根的阿拉伯世界、中亞地區以及撒哈拉以南的非洲地區，社會經濟的發展是促進民主化的重要前提。

「民主」形式若勉強與社會、經濟、文化「結構」重合在一起，從長期來看是很難維持的，必須將現存的社會結構和網絡有效地納入民主化進程，這對於防止兩者之間的衝突是相當必要的。在市場自由化和法制化過程中，經濟發展應當滿足勞動者和企業主的利益，使政策更加透明化。簡單來說，鼓勵民主進程應該與歷史、文化和國家內部管理體制相結合。

此外，發展民主的同時還要注意國家穩定。一些弱小的民主國家政府無力在國內樹立權威，或者遭部分民眾視為是不具合法性的政權，這些現象都有可能造成國家的不穩定或崩潰。因此民主政體並不一定都能保障和平的環境，新興民主國家如果沒有加強法治建設的話，民眾主義領導者們或能找到可乘之機，煽動民族情緒。

西方民主政體同樣也將面臨許多挑戰。對政治精英私人利益的監督，以及傳統政黨影響力的喪失（尤其是在美國，歐洲也存在同樣的現象）都會傷害開放的民主爭論，而且不利於集體利益的定位。政治個性化的不斷增強使得行政權力逐漸膨脹，從而對立法權造成危害。許多政策不得不受到民意調查的影響，這對政治家們的領導力相當不利。他們的決定被迫向大部分民眾的需求傾斜，而那些不受歡迎但卻十分必要的措施則遲遲無法執行。再加上歐洲高齡人口數量的上升，未來的政治決策可能會越來越謹慎和保守。

以上這些情況可能造成「安全化」或「生存政治」的深刻問題。不穩定氛圍在西方公眾輿論中開始蔓延（不同國家的嚴重程度有所不同），人們對氣候暖化、能源安全等共同問題都已經有所認識，對內部與外部危險環境的擔憂更使西方社會逐步改變傳統的不安全觀念。

多元文化問題將使不穩定因素更加嚴重，尤其是在歐洲。不成熟的一體化政策、社會經濟的不公平，以及不同價值體系的衝突將形成多重危險。目前移民和一體化的「安全化」可能使社會不同階層發生異化，而這種現象將推動極端政治的形成（右派的排外民眾主義運動、左派的反全球化和反自由主義團體），有利於民眾主義和保護主義情緒蔓延。

整體而言，民眾對自己的政治體系和政治精英都抱持著懷疑態度，特別是在處理問題的能力上，因為這與民眾自身的利益息息相關。如果這樣的趨勢繼續下去的話，西方民主政體的自由主義根基可能遭到動搖。而且恐怖主義襲擊、大型流行病蔓延等危機的出現可能使對政府的質疑更加嚴重。另外，民族和政治新危機的出現也可能對未來的民主發展造成阻礙。

第十四章　歐盟的未來

一、內部挑戰

到二〇二五年，歐盟可能成為世界上最富裕和最安全的地區之一。不過在某些領域，歐盟將遭遇許多困境。許多會員國的人口老化將使高齡人口依賴程度直線上升，社會和醫療預算將因此激增，公共資金的壓力非常沉重。歐盟的大部分工業仍將頗具競爭力，但同時也有不少工業部門將工廠遷向外地，因此將有越來越多的經濟獲利在歐盟以外的地方實現。

歐洲將在重要的科技領域保持優勢地位，如電信、可再生能源等方面，但其他領域的地位將受到挑戰，一方面是由於競爭對手占得先機（如美國在資訊和奈米技術方面），另一方面是由於競爭者大量增加研發投資，迅速扭轉原本的落後局面（如印度在資訊科技方面，中國在生物和奈米技術方面）。

面對挑戰，歐盟應當深入改革社會安全體系、教育系統以及勞動市場。在全球化面前，許多歐洲人都在經濟、文化和物質層面感受到威脅，對公共機構也越來越不信任。如何在提高競爭能力的同時又能保障社會凝聚力將是歐盟未來的主要任務，平衡競爭力與凝聚力之間的關係對實現內部穩定和國際事務發展將有決定性的作用。

歐盟國家之間越來越緊密的合作或一體化將有利於各個方面（尤其是研發、能源和移民）相關政策的執行，但日益激烈的國際競爭究竟會使成員國更加靠近還是疏遠，值得拭目以待。歐洲一體化常常被民眾認為是對自己國家認同和利益的威脅，而不是面對全球化挑戰的方式，對全球化的懼怕為反精英思想和經濟保護主義的滋長創造有利條件，這將嚴重阻礙歐洲一體化的進程。

在能源儲備方面，歐盟的角色非常被動。到二〇二五年，OPEC國家（尤其是沙烏地阿拉伯、伊朗、伊拉克和阿爾及利亞）將提供歐盟石油需求的一半，另外一半來自挪威和俄羅斯；俄羅斯也是歐洲最大的天然氣供應國，其次是阿爾及利亞和挪威。由於全球能源的地理分布情況以及需求不斷擴張，能源進口國的選擇相當少，而歐盟的能源幾乎都來自世界上最不穩定的地區。在這樣的情況下，能源運輸一旦中斷，即使只是短時間的中斷，也將為歐盟造成嚴重的影響。

二、複雜的邊境關係

歐盟周邊地區都存在潛在的安全問題，許多國家的發展趨勢從長期來看都有很高的不確定性。到二〇二五年，這樣的影響還不會很明顯，但歐盟邊境的政治經濟情況可能逐步惡化，並造成安全上的威脅。

1 俄羅斯

俄羅斯的經濟發展迅速，中央政府不斷加強其權威，但向民主政體和市場經濟的轉型過程卻遙遙無期。許多不穩定因素都將影響俄羅斯未來的發展。經濟成長仍將充滿缺陷：多樣化程度低、私有部門不夠發達、對能源出口依賴程度過高。由於出生率和平均壽命較低，俄羅斯人口數量將持續下降。社會問題（貧困、酗酒、犯罪）和貧富差距使不同階層和地區之間的差異不斷擴大，財富集中在幾個大城市。國家內部的不平衡和生活條件不佳更為民族主義和排外心理的發展提供了機會。另外，俄羅斯及前蘇聯某些地區的宗教激進主義勢力可能會對國家安全造成更嚴重的威脅。

在國際層面，俄羅斯試圖透過與不同夥伴的互動重新找回其大國地位。能源將是俄羅斯對外政策的主要戰略優勢，能源出口管道的多樣化將是未來發展的方向。俄羅斯可能重組軍事力量、提高國防預算，因為軍隊仍將是俄羅斯捍衛其南部地區利益的主要工具。俄羅斯與歐盟之間夥伴關係的利益可能逐步降低，而與美國和中國的關係會不斷深入。

2 中東地區

該地區仍將受到政治和民族問題的深刻影響。巴勒斯坦和伊拉克問題仍是主要的不穩定因素，伊朗問題也是該地區安全的重要變數，另外該地區還會遭遇某些共同問題：水資源匱乏和都市化進程的加快將造成環境和生活條件的惡化。由於部分國家無力改善經濟，未來二十年內，將有數百萬年輕人面臨就業危機。失業和社會不公將使不滿情緒蔓延，某些階層遭到邊緣化的情況也將令社會更加動盪，而這些國家的治理仍將是主要問題所在。在某些國家（如伊拉克、黎巴嫩），民族衝突和宗派勢力將對政治穩定非常不利，並影響民主化發展。而在其他一些國家（如沙烏地阿拉伯、埃及），向溫和模式轉型的過程也可能給極端分子可乘之機。

中東地區某些國家的政體可能崩潰，親西方的專制政體可能垮臺，各種區域衝突仍會加劇（以巴地區、伊拉克、阿富汗、車臣、喀什米爾、黎巴嫩、庫德族自治區）。歐盟與該地區的關係很難預測，必須取決於歐盟如何幫助該地區的政局穩定，以及選擇與什麼樣的行為體對話（改革派還是非暴力的伊斯蘭溫和派）。

3 非洲撒哈拉以南的地區

儘管該地區在改革上已經有所進步，特別是在南部，但危機依然很有可能爆發。由於水資源缺乏、土地過度開發和都市化腳步不一，該地區的環境惡化速度將越來越快。雖然出生率非常高，但由於貧困和衛生條件落後，該地區的人口壽命並不長。大部分國家的經濟都依靠原物料出口，這也是它們與世界市場連繫的主要途徑。有一些國家的經濟確實得到飛速發展，但整體而言，該地區與亞洲及南美的差距將越來越大。政治、經濟及文化等多方面的人才流失也將阻礙非洲國家必要的改革進程。某些國家的管理不善和民族衝突可能導致權力機構垮臺，甚至是國家瓦解。另外某些大國也可能利用權力故意製造不穩定和衝突。

非洲可能有陷入貧困、飢餓和衝突的危險，這對歐洲雖然沒有直接影響，但必定會對整體安全環境造成威脅。在移民方面，總體趨勢將不會發生改變，但可能出現無法預知的變數。歐盟協助該地區的政治穩定和一體化的能力可能遭到質疑，特別是在改革失敗之後。

三、歐盟的真正挑戰：促進世界的改變

經過了三個世紀的西方霸權之後，歷史似乎進入了新時期：新的大國已經崛起，相對較弱的國家也以區域聯盟的形式出現，西方國家的霸權將不可避免地轉向世界其他地區。這種轉變並不一定是威脅，但是否能夠以和平穩定的形式進行則是必須考慮的問題。歐盟在未來二十年的人口和經濟影響力都將有所下降，而且對進口能源的依賴程度也將越來越高。但歐盟的重要性並不一定會減弱，它仍將是世界最強的經濟體之一，生活水準也是最高的。未來世界的情形以及歐盟所處的位置目前還無法定論，一切都要看歐洲領導人們的政治意願和發展自身比較優勢的能力。

歐盟的首要任務是規範變革，而不是簡單地承受。歐盟擁有豐富的一體化和促進穩定的經驗，也具有建立和推動國際關係新秩序的能力，但劣勢在於無法將行為標準與國際社會的共同利益基礎相結合。

對共同利益的認定取決於行為體在重大國際問題上的共同立場，這是一種高級政治。如果會員國不能進行嚴肅的政治討論並提出必要方案的話，歐盟將無法為共同利益提供高

附加價值的規範政策，因此會員國必須將外交與安全政策從國家層面提升至歐盟層面。

未來世界的經濟、能源、環境和人口趨勢都需要歐盟層級的集體決策，否則從長期來看，歐洲國家將有逐步喪失主權的危險。從這個意義上說，「歐洲主權」是對「國家主權」的一種補充。在未來的國際關係中，傳統的國家主權概念（國家對生活在自己領土上民眾的權威為最優先，沒有任何對立的權威高於它）將不再完全適用，而歐盟層級的共同行動將對主權進行積極和現代的定義，這是一種合作的能力。

歐盟的第二大挑戰是促進多元政治體系和多邊秩序之間的和諧，使兩者不但可以相互調和，還能相互補充。從美國、俄羅斯、中國、印度等世界主要行為體來看，我們可以看出以下兩點：一方面，這些大國雖然都將國際規範和制度納入自己的戰略考慮，但僅僅是作為一種為自身利益服務的方式，因此多邊主義在可預見的未來將一直存在，成為各大國鍾愛的常用語；另一方面，根據世界未來的走向，多邊主義的解決方案對於保障所有行為體的共同利益都是最為有效的。

一個國家越強大，就越容易成為多邊進程中的一員。同時，在強大行為體的支持下，多邊秩序也將越來越有效。因此，儘管國家利益與國際機構之間存有矛盾，但這種矛盾並不是不可調和的。多邊主義規範將成為大國行為體戰略定位的關鍵要素。在一個連繫越來越密切的世界中，擁有最大、最有效網絡的國家將從全球化中獲得最多的益處，並能擴大自身影響，保障自身安全。

隨著國際體系越來越多樣化，未來國際關係價值中重要的一點便是合法性，無論是對於政府還是公民來說都是如此。對地區和世界層面共同政策的需求將日益增加，尤其是在處理能源、環境和移民等問題上，當然對於解決衝突和維護和平就更是如此。共同政策的實施以及世界公共福利的給予都將取決於各行為體的妥協能力，而多邊制度更容易在世界和地區層面達到這一目的。

提倡有效的多邊主義並非否定國家中個體的利益，而是將其納入穩定、可以提供國際解決辦法的架構之中。想要應對當前的挑戰，就需要新形式的國際關係，這並不是對傳統權力、利益和主權觀念的顛覆，而是一種重新審視的過程。歐盟在此過程中具有自身的優勢：它相當了解規範、制度化的多邊主義原則應如何定義和推廣。

歐盟必須適應新的國際環境以抓住新機會。二〇二五年的世界裡，國與國之間互相依賴的程度將更高、更複雜也更不穩定。歐盟會員國必須加強合作和一體化，只有這樣才能使口徑一致，對國際事務發表相同的意見。如今的歐洲政治和機構改革應充分考慮到歐盟未來可能面臨的挑戰，而不是單純停留在過去的種種爭論中。當然，一個越來越大的歐盟，管理將更加複雜，也要求投入更多的心力和政治參與。不過真正對歐盟繁榮穩定提出挑戰的是邊境問題——鄰近地區的地緣政治壓力，以及新的國際行為體在國際政治經濟方面的影響。換句話說，歐盟的改革應當考慮到價值、利益以及歐盟在國際事務中的目標等多重層面。只要對自身的未來與在世界上的位置有了明確認識，歐盟就能讓改革變得更好，並推動世界往更穩定、更美好的未來發展。

寫作團隊

本書是在時任歐盟安全研究所所長的妮可．涅索托的主持下完成的，參與編寫的有研究所的研究團隊和許多助理研究員。

布卡爾．施密特，研究所副所長，在二〇〇五年底到二〇〇六年三月主持第一階段從長期角度的預測工作。吉奧瓦尼．格雷維和古斯塔夫．林德斯托姆參與了研究工作。施密特的努力為報告初稿的形成打下了基礎，這也是我們遞交給歐洲防務司的版本。隨後他離開了研究所，開始了在歐盟委員會的工作，但始終關心本書的進展。

吉奧瓦尼．格雷維，研究所研究員，是本書寫作第二階段的負責人。如果沒有他的傾心付出，這本書就不可能完成。他為全書進行了校對，並充實了第一版的內容，還帶領助理團隊完成了許多新章節的撰寫。他與主任一起確保了全書的完成和出版。

史蒂芬．德洛里全程參與了本書的撰寫，作為助理研究員，他的貢獻值得嘉獎。

研究所的大部分成員都直接參與了本書的相關工作，他們對地區問題的獨到看法為本書增色不少。他們釐清了未來發展、內外部關係、關鍵國家與地區等方面所涉及的根本問題，他們的工作值得特別表揚：

道夫·林區——俄羅斯與歐亞大陸；沃特·波斯奇——中東和地中海地區；皮耶·安圖瓦·博胡——撒哈拉以南的非洲；馬辛·扎布羅斯基——美國；馬丁·奧特嘉——拉丁美洲；以及古斯塔夫·林德斯托姆——科學與技術。

助理研究員團隊整個二〇〇六年春夏都在收集和鑽研資料，同時也在核對、補充和分析所有數據。文森·維卡爾在二〇〇六年春天加入團隊，他負責經濟領域的分析。克里斯汀·布爾卡德、約翰·艾德維斯、蘇菲·德拉布拉亞、巴斯提安·尼維、帕特里茲亞·朋比、安德拉·羅斯、娜塔莉·斯塔魯斯和丹尼爾·斯坦沃斯也為本書做出了貢獻。最後，要特別感謝傑羅德·科羅寧，研究所的英文校對員，他的翻譯使本書最終的英文版本相當完美。貝嘉思·波卡爾的法文翻譯也非常到位。

高寶書版集團
gobooks.com.tw

BK016
2025年，你的世界會是什麼樣子？
Le Monde En 2025
作　　者　妮可・涅索托（Nicole Gnesotto）、吉奧瓦尼・格雷維（Giovanni Grevi）
譯　　者　范煒煒
編　　輯　林雅萩
校　　對：林雅萩、蘇鵬元
排　　版　趙小芳
美術編輯　徐智勇
出　　版　英屬維京群島商高寶國際有限公司台灣分公司
　　　　　Global Group Holdings, Ltd.
地　　址　台北市內湖區洲子街88號3樓
網　　址　gobooks.com.tw
電　　話　(02) 27992788
電　　郵　readers@gobooks.com.tw（讀者服務部）
　　　　　pr@gobooks.com.tw（公關諮詢部）
傳　　真　出版部 (02) 27990909　行銷部 (02) 27993088
郵政劃撥　19394552
戶　　名　英屬維京群島商高寶國際有限公司台灣分公司
發　　行　希代多媒體書版股份有限公司/Printed in Taiwan
初版日期　2012年4月

國家圖書館出版品預行編目(CIP)資料

2025年，你的世界會是什麼樣子？ / 妮可・涅索托（Nicole Gnesotto）、吉奧瓦尼・格雷維（Giovanni Grevi）著；范煒煒譯. -- 初版. -- 臺北市：高寶國際出版：希代多媒體發行, 2012.4
面；　公分. -- (Break；BK016)
譯自：Le Monde En 2025
ISBN 978-986-185-698-8(平裝)
1.未來社會　2.社會變遷
541.49　　101003229